AF126450

EVA-MARIA BAST | HEIKE THISSEN

Leipziger
Geheimnisse

SPANNENDES AUS DER SACHSENMETROPOLE
MIT KENNERN DER STADTGESCHICHTE

LEIPZIGER VOLKSZEITUNG

Bast, Eva-Maria; Thissen, Heike
Leipziger Geheimnisse – Spannendes aus der Sachsenmetropole
mit Kennern der Stadtgeschichte

LEIPZIGER VOLKSZEITUNG in Kooperation mit:
Bast Medien GmbH, St.-Ulrich-Str. 11, 88662 Überlingen
(verantwortlich)
2. Auflage 2018
ISBN: 978-3-946581-58-1

Copyright: Bast Medien GmbH
Herausgeberin: Eva-Maria Bast
Ressortleitung: Heike Thissen
Lektorat: Lena Bast
Bildredaktion: Magdalena Stoll
Covergestaltung: Jarina Binnig, Cornelia Müller, Melanie Kunze
Layout: Homebase – Kommunikation & Design, Jarina Binnig
Grafik: Maps4News & HERE (Karte)
Satz: Melanie Kunze
Druck: Mohn Media Mohndruck GmbH

Ein Titel der preisgekrönten Reihe *Geheimnisse der Heimat*

Inhalt

Vorwort

Boomtown Leipzig – unsere Stadt strebt nach vorn. Alles ist in Bewegung. Die Einwohnerzahlen wachsen, Wirtschaft und Wissenschaft entwickeln sich, und immer mehr Touristen kommen. Große und bedeutende Bauwerke sind in den vergangenen Jahren entstanden – vom City-Tunnel über die Neue Propsteikirche am Ring und das Paulinum auf dem Augustusplatz bis hin zur aufwendig sanierten Kongresshalle. RB Leipzig spielt in der 1. Bundesliga und in der Europa League. Auch der Leipziger Zoo kann sich mit den besten in Europa messen.

Das alles bedeutet für die *Leipziger Volkszeitung*: jede Menge Stoff, jede Menge Geschichten. Seit fast 125 Jahren gibt es die LVZ; am 18. September 1894 erschien die erste Ausgabe. Eines ist bei allen Entwicklungen, bei aller Dynamik heute noch so wie damals: Wir berichten über das, was passiert. Wir sind nah an den Menschen, wir erzählen, was sie bewegt, was sie um- und antreibt. Längst nicht mehr nur in der gedruckten Tageszeitung, sondern inzwischen auf vielen verschiedenen digitalen Kanälen.

Wir bei der *Leipziger Volkszeitung* machen aktuellen Journalismus. 365 Tage im Jahr. Wir verlieren dabei nicht den Blick fürs große Ganze, suchen immer nach dem Besonderen, nach dem Außergewöhnlichen. Diese Stadt steckt voll von Geschichten, und sie ist voller Geheimnisse – alle werden wir niemals entdecken. Wer sich aber jeden Tag in Leipzig bewegt, der sieht manches nicht mehr, weil es halt einfach dazugehört und weil eben so viel Neues passiert. Manchmal hilft dann der Blick von außen, eine neue Herangehensweise, eine andere Perspektive. Deshalb waren wir sehr interessiert, als Eva-Maria Bast auf uns zukam und uns von ihrer erfolgreichen und preisgekrönten Buchreihe berichtete. In vielen Städten hat sie schon Geheimnisse aufgespürt – von Hamburg bis München, von Frankfurt bis Berlin.

Wir waren uns schnell einig, dass es auch ein Buch geben soll, das „Leipziger Geheimnisse" lüftet. Hier liegt es nun vor Ihnen, Eva-Maria Bast hat sich zusammen mit Heike Thissen mehrere Wochen lang durch unsere Stadt bewegt. Die beiden Autorinnen haben Menschen getroffen, die etwas Besonderes zu erzählen haben. Es sind oft kleine Details, hinter denen spannende Geschichten stecken: Wohin führt dieses kleine Türchen in der Hainstraße? Wie ist Leipzig eigentlich zu seiner großen Wiese im Rosental gekommen? Was hat es mit den Steinmetzzeichen gegenüber der Nikolaikirche auf sich? Was ist das für ein Schuldschein, der in Auerbachs Keller hängt? Wie war das noch mal mit den Schnecken auf den Türklinken zum Neuen Rathaus? Und wieso hat das Alte Rathaus einen Knick in der Fassade? Auf diese und viele andere Fragen gibt es auf den folgenden Seiten Antworten; ein Geheimnis nach dem anderen wird gelüftet.

Nehmen Sie sich dieses Buch unter den Arm und entdecken Sie Ihre Stadt neu! Begeben Sie sich mit den Autorinnen auf eine spannende Entdeckungsreise durch Leipzig. Es lohnt sich ganz bestimmt!

Viel Spaß bei der Lektüre und gute Unterhaltung!
Herzliche Grüße
Ihr

Björn Meine
Ressortleiter Lokales Leipzig
Leipziger Volkszeitung

Die Autoren

Eva-Maria Bast, Jahrgang 1978, arbeitet seit 1996 als Journalistin. 2011 gründete sie mit Heike Thissen das Redaktionsbüro „Büro Bast & Thissen", das 2013 in „Bast Medien" überging. Sie initiierte und schreibt die Buchreihe *Geheimnisse der Heimat*, die 2011 startete, rasch zu einem regionalen Bestseller wurde und die 2018 in 53 Bänden vorliegt. Sie wurde für ihre Arbeit mehrfach ausgezeichnet, unter anderem erhielt sie mit dem *Südkurier* für die *Geheimnisse* den Deutschen Lokaljournalistenpreis der Konrad-Adenauer-Stiftung. Neben zwei Krimis liegt von ihr auch die vierbändige *Mondjahre*-Jahrhundertsaga vor. Ende 2018 erscheint unter dem Pseudonym Charlotte Jacobi bei Piper der Titel *Die Villa am Elbstrand*, den Bast gemeinsam mit Jørn Precht geschrieben hat. Eva-Maria Bast ist Gastdozentin an der Hochschule der Medien in Stuttgart, sie lebt am Bodensee.

Heike Thissen, Jahrgang 1980, ist seit 1999 im Journalismus zu Hause. Sie hat an der Universität Leipzig und der Universidad de Valencia Diplom-Journalistik und Amerikanistik studiert und bei der Tageszeitung *Südkurier* in Konstanz volontiert. Nach mehreren Jahren als Redakteurin beim *Südkurier* arbeitet sie seit 2010 als freie Journalistin für Zeitungen und Zeitschriften und als PR-Redakteurin für verschiedene Unternehmen. Seit 2011 geht sie von Konstanz aus regelmäßig zusammen mit Eva-Maria Bast auf Geheimnissuche in ganz Deutschland und ist bei Bast Medien Ressortleiterin der *Geheimnisse der Heimat*. In ihrer Lieblingsstadt Leipzig war sie hierfür ganz besonders gern unterwegs.

01

Schnecken

Zeichen für ein langsames Arbeitstempo

Natürlich erfüllen die Klinken an den Eingangstüren zum Neuen Rathaus ihre Funktion: Mit ihrer Hilfe lassen sich die Türen einwandfrei öffnen und schließen. Doch für Leipzig-Kenner Bernd Weinkauf sind sie nicht nur Mittel zum Zweck, sondern liebenswerte Relikte, die an die Entstehungsjahre des Verwaltungsbaus erinnern. Das liegt an den possierlichen Weinbergschnecken aus Eisen, die auf ihnen sitzen.

„Wenn man ein so großes öffentliches Gebäude mit Symbolen schmückt, dann verwendet man dafür normalerweise etwas Großes, Imposantes, Tiere wie Löwen oder Bären zum Beispiel. Hier aber kriecht auf der Türklinke eine Schnecke. Das ist ein Symbol an einer bemerkenswerten Stelle", erklärt der Schriftsteller. Denn das langsam kriechende Weichtier ist nicht nur ein hübscher Schmuck, sondern es erinnert auch seit mehr als 100 Jahren daran, wie sehr sich der Bau des Neuen Rathauses in die Länge gezogen hat.

Im Jahr 1895 kaufte die Stadt dem Königreich Sachsen die Pleißenburg ab, um durch ihren Abriss Platz für ein neues Rathaus zu gewinnen. Die Handelsstadt platzte aus allen Nähten, und auch ihr Verwaltungsgebäude, das heutige Alte Rathaus, war den dadurch entstandenen Anforderungen nicht mehr gewachsen. Ein Architekturwettbewerb wurde ausgeschrieben, den 1897 Stadtbaudirektor Hugo Licht (1841-1923) gewann, sein Entwurf trug den Namen „Arx nova surgit – Eine neue Burg entstehe". Für die folgende Bauzeit war er sieben Jahre lang von seinem Amt beurlaubt und als Privatarchitekt mit dem Bau betraut. Am 19. September 1899 legte Oberbürgermeister Otto Georgi (1831-1918) als eine seiner letzten Amtshandlungen den Grundstein für den Neubau. Bis dahin hatte alles wie am Schnürchen geklappt. Doch dann begannen jahrelange Bautätigkeiten, von denen am Ende nicht nur Hugo Licht die Nase gehörig voll hatte.

Bernd Weinkauf freut sich immer wieder aufs Neue über die possierlichen Tierchen.

„Der Bau hat fast zwei Jahre länger gedauert als ursprünglich geplant. Das lag unter anderem daran, dass die Stadtverordneten nicht in den Zeitabständen, in denen es nötig gewesen wäre, die entsprechenden Gelder zur Freigabe stellten. Deswegen hatte Hugo Licht ziemlich viel Ärger, und er musste ziemlich viel mit ihnen streiten", weiß Bernd Weinkauf zu berichten. Das sei sogar so weit gegangen, dass Licht – ein kultivierter Mann – in einer Sitzung völlig aus der Haut gefahren sei, weil er so verärgert darüber war, dass die Verantwortlichen der Stadtverwaltung wieder einmal eine Sache nicht genehmigt hatten. „Wer große Haufen scheißen will, muss auch den Arsch dazu haben!", soll er gewütet haben. Bernd Weinkauf weiß, dass der Gefühlsausbruch des Architekten nicht ohne Wirkung verhallte: „Die Stadtverordneten waren völlig entsetzt. Aber von da an lief es dann rund mit der Bewilligung der Gelder."

Dass die Schnecken noch heute die Türklinken zieren, ist gewissermaßen eine Folge des Ärgers über die unnötig in die Länge gezogene Bauzeit. Das hat Bernd Weinkauf vor vielen Jahren von der Tochter Hugo Lichts erfahren. „Mein jüngster Sohn hatte in den achtziger Jahren eine Schulfreundin, die ihm eines Tages erzählte, dass ihr Uropa das Neue Rathaus gebaut hat. Weil der Junge wusste, wie sehr mich so etwas interessiert, hat er mir das erzählt. Durch diese Vermittlung lernte ich Frau Josefa Böhme kennen, die Tochter von Hugo Licht. Im Gespräch habe ich dann auch erfahren, warum auf den Rathausklinken Schnecken sitzen", erinnert sich Weinkauf an das Gespräch. Hugo Licht, so berichtete dessen Tochter, hatte dem Schlossermeister Hermann Fritzsche den Auftrag erteilt, die Schmiedearbeiten an den Türen auszuführen. „Und kurz vor der Eröffnung ist der Architekt dann mit einem besonderen Wunsch an Fritzsche herange-

So langsam, wie eine Schnecke kriecht, ging es mit dem Bau voran.

treten: Licht wollte unbedingt, dass auf den Türklinken Schnecken sitzen als Zeichen dafür, dass der Stadtrat Entscheidungen nur im Schneckentempo getroffen hatte, wo doch alles so viel schneller hätte gehen können", erzählt Bernd Weinkauf. Der Schlosser habe den Auftrag ausgeführt, und so sitzen die Tiere noch heute auf den Türklinken und erinnern an den langen und vor allem für den Architekten nervenaufreibenden Bau des Neuen Rathauses.

Als der Verwaltungsbau 1905 bezogen wurde, gehörte er zu den teuersten und aufwendigsten Rathausneubauten des Deutschen Kaiserreiches. 7,2 Millionen Mark Baukosten, 800.000 Mark für die Ausstattung und 330.000 Mark Honorar waren angefallen. Am 7. Oktober traf kurz nach Mittag Sachsenkönig Friedrich Augustus III. (1865-1932) mit seinen Ministern ein. Zusammen mit den Honoratioren der Stadt und Delegationen aus benachbarten Städten war er dabei, als das Gebäude im Stil des Historismus – es erinnert optisch stark an eine Festung und zugleich an ein Märchenschloss – mitsamt seinem fast 115 Meter hohen Turm eingeweiht wurde. Damit hatte sich die Messestadt einen repräsentativen Bau geleistet, der wie kaum ein anderer symbolisch für das neue Leipzig stand: eine moderne Industriestadt von großer Anziehungskraft.

Tatsächlich jedoch war das Neue Rathaus mit seinen 10.000 Quadratmetern Fläche und seinen 578 Räumen zu diesem Zeitpunkt bereits zu klein für die Aufgaben, die ihm zugedacht waren. Deshalb bekam Hugo Licht gleich den nächsten Auftrag: Von 1908 bis 1912 war er für den Bau des benachbarten Stadthauses verantwortlich, das das Platzproblem lösen sollte. Über Wutausbrüche seinerseits und Schnecken auf den Türklinken ist aus dieser Zeit nichts überliefert.

Heike Thissen

....

So geht's zu den Schnecken:

Die Schnecken befinden sich auf den Griffen der Eingangstüren am Hauptportal vom Neuen Rathaus (Martin-Luther-Ring 4).

Gerd Lindner deutet auf die Steinreste – das Einzige, was von Schloss Großzschocher übrig geblieben ist.

02

Steinreste

Was vom Schloss übrig blieb

Wenn Gerd Lindner hier spazieren geht, dann lässt er nicht nur einen Meter, sondern auch ein Jahr nach dem anderen hinter sich. Jeder Schritt, den er macht, führt weiter in eine Zeit, als der Rentner noch ein kleiner Junge war und mit seinen Freunden auf Schatzsuche ging – im Keller des Schlosses. „Hier stand es", sagt er und zeigt auf einen kleinen Hügel, der sich in dem Park erhebt. „Ich sehe es noch ganz genau vor mir. Hier war die Freitreppe und dort hinten die großzügige Terrasse." Der Leipziger kraxelt den unwegsamen Hügel hinauf, deutet hier und dort auf einen Stein und sagt: „Das waren alles Mauerreste. Alles Überbleibsel des alten Schlosses." Oben angekommen schlingt er die Arme um eine Linde: „Bis auf die Steinreste ist sie das Einzige, was noch geblieben ist. Diese Linde steht schon lange da, früher mitten auf dem leicht erhöhten Schlosshof, und hat das alles mit angesehen."

Damit meint Gerd Lindner das traurige Ende des Schlosses. Thomas Nabert schreibt in seinem Aufsatz *Schloß und Rittergut Großzschocher*: „Schon für das 7./8. Jahrhundert [...] wird für Großzschocher die Existenz eines befestigten Herrensitzes vermutet. [...] Für das Jahr 1292 wird dieser Herrensitz erstmalig als ein schriftmässiges Rittergut urkundlich genannt. [...] Ein repräsentativer Ausbau der Anlage bzw. die Errichtung eines schloßartigen Herrenhauses erfolgte dennoch

„Bis auf die Steinreste ist sie das Einzige, was noch geblieben ist. Diese Linde steht schon lange da, früher mitten auf dem leicht erhöhten Schlosshof, und hat das alles mit angesehen."

erst im 16. Jahrhundert [...] ." Damals sei ein kleines Renaissanceschloss entstanden, „über dessen Beschaffenheit es allerdings keinerlei Hinweise gibt. 1734/35 erfolgte dann durch die Herren von Ponickau der Umbau des zuvor arg vernachlässigten Schlosses unter Beibehaltung der beträchtlichen Höhe und der Renaissancegiebel." Nabert zitiert den Pfarrer und Chronisten Engelbert Schwartze, der 1744 schrieb, der Herrenhof sei „von ziemlichem Umfangen ins Gevierdte gebauet. Das Herrenhaus ist gantz steinern, ziemlich hoch und mit einem Wall umgeben, daß man zu demselben nicht anders als auf einer Treppe und über eine Brücke, welche aufgezogen werden kann, hinan kommt." Mitte des 19. Jahrhunderts sei das Schloss dann im Stil der Neorenaissance umgestaltet worden. „Ihm vorgelagert war eine größere Terrasse, die vom Hofe über eine repräsentative Freitreppe zu erreichen war. Am westlichen Giebel schloß sich die Orangerie an. Vom Hofe mit seinem Rondell und dem Lindenbaum in der Mitte ging ein tiefer Gewölbekeller hinunter, der durch eine schmiedeeiserne Bandeisengittertür abgeschlossen wurde." Es handelt sich um die Linde, neben der Gerd Lindner nun steht. Und in dem Keller ist er als Junge auf Schatzsuche gegangen. Das war allerdings nach der Zerstörung in dem schon halb zerfallenen Gebäude: In seinen Schicksalsjahren befand sich das Anwesen im Besitz der Familie von Wedel. Die Grafen bewohnten das Schloss, die zugehörige Fläche betrug damals 642 Hektar, und weite Teile davon waren verpachtet. Hier wurde Ackerbau und Viehwirtschaft betrieben", sagt Lindner. Bei einem schweren Luftangriff auf Leipzig im Februar 1944 wurde auch das Schloss getroffen und brannte innen vollständig aus. Ställe, Brennerei, Pächterhaus fielen in Schutt und Asche. „Vor allem das Schloss muss gebrannt haben wie Zunder, es gab ja noch die große hölzerne Treppenflucht in der Mitte, das hatte einen Effekt wie ein Kamin", sagt Gerd Lindner, „ein alter Großzschochaer hat mir erzählt, dass die alte Gräfin hier auf der Wiese gesessen hat und zusehen musste, wie ihr Schloss abbrannte – mit all den Kostbarkeiten wie Gemäldesammlungen, Teppichen und Möbeln." Die Feuerwehr habe nicht anrücken können, sie hatte zu viel zu tun, überall fielen Bomben. „Sie war vollkommen überlastet", sagt Gerd Lindner. „Meine Eltern sind an dem Tag auch ausgebombt worden, wir haben ja ganz in der Nähe gewohnt." Gerd Lindner war damals zwei Jahre alt.

Die alte Linde stand früher auf dem Schlosshof.

Die Grafenfamilie zog dann zunächst in die notdürftig geflickte Orangerie – und bangte dort, wie es wohl weitergehen würde: „Man konnte damals ja noch nicht wissen: Was macht der Russe? Vor den Russen hatten sie alle Angst. Nach dem Krieg wurde die Familie von den Russen auch tatsächlich vertrieben." Das Schloss wurde bestmöglich repariert, diente als Kindergarten, dann wurde es zum Steinbruch: „Die Rote Armee hat es 1960 abtragen lassen, man brauchte die Steine für den Bau von Schweineställen. In der DDR hatte man sowieso kein Interesse an Herrschaftssitzen, da wäre es total verfallen." Das Gelände verwilderte, über die restlichen Steine wuchsen Büsche und Bäume, die Linde bekam Gesellschaft.

Für die Jungs aus Großzschocher war das alles ein riesiger Abenteuerspielplatz. „Wir haben hier Räuber- und Gendarm gespielt", erzählt Gerd Lindner. „Bevor sie endgültig abgerissen wurde, waren wir auch in der Schlossruine unterwegs, in den Keller zu gehen, war eine Mutprobe, angeblich gab es da auch einen geheimen Gang." In dem Keller haben die Jungs auch verschiedentlich

> *„Die Rote Armee hat es 1960 abtragen lassen, man brauchte die Steine für den Bau von Schweineställen. In der DDR hatte man sowieso kein Interesse an Herrschaftssitzen, da wäre es total verfallen."*

Schätze gesucht – aber erfolglos. Jedenfalls im Keller direkt. Woanders hat Gerd Lindner allerdings sehr wohl einen Schatz gefunden. „Wir haben auf dem Gelände mal eine Grasbatzen-Schlacht gemacht und sind auf einmal unter dem Gras auf Schutt gestoßen." Der kleine Junge grub und zog staunend eine alte Vase heraus, die nicht die kleinste Macke hatte. Vorsichtig barg er sie und trug sie nach Hause. Heute steht sie in einer Glasvitrine in Gerd Lindners Wohnzimmer, sorgsam geschützt. Sie hat ihn sein ganzes Leben begleitet: „Das ist meine Erinnerung an das Schloss Großzschocher." Das und die inneren Bilder, die lebendig werden, wenn Gerd Lindner im Schlosspark spazieren geht.

Eva-Maria Bast

....

So geht's zu den Steinresten:

Man kann den bewachsenen Hügel im Schlosspark in Großzschocher besichtigen. Bei genauem Hinsehen lassen sich dort verschiedene Steinreste ausmachen. Die Adresse des Schlossparks ist Huttenstraße 1a.

Autor Henner Kotte betritt niemals das Stadtwappen vor dem Alten Rathaus. Und er hat einen guten Grund dafür.

03

Stadtwappen

Wo Leipzigs berühmtester Mörder starb

Diesem Löwen vor dem alten Leipziger Rathaus kommt man besser nicht zu nahe. Das große schwarze Wappentier auf gelb-blauem Grund könnte einen sonst in Schwierigkeiten bringen. „Echte Leipziger betreten dieses ge-pflasterte Stadtwappen auf dem Marktplatz nie. Es bringt Unglück", weiß Henner Kotte, der sich seit vielen Jahren mit Leipziger Geschichte und Geschichten beschäftigt.

Ein Stadtwappen als Unheilbringer? Warum das? „Wo heute das Wappen liegt, fand vor fast 200 Jahren die letzte öffentliche Hinrichtung auf dem Marktplatz statt", beginnt der Gästeführer diesen Umstand zu erklären. Es war Leipzigs berühmtester Mörder, dessen Kopf der Scharfrichter am 27. August 1824 mit einem Schwerthieb vom Leib trennte und der später als tragische Theaterfigur des Dramatikers Georg Büchner (1813-1837) Weltruhm erlangte: Johann Christian Woyzeck (1780-1824).

Im richtigen Leben war Woyzeck Friseur und Soldat. Er verlor früh seine Eltern, begann in Leipzig eine Ausbildung als Perückenmacher und ging 1798 im Alter von 18 Jahren auf Wanderschaft. Nach der Rückkehr in seine Heimatstadt fand er keine Arbeit und versuchte sein Glück als Soldat im Ostseeraum. Ab 1818 lebte er in Leipzig von Gelegenheitsarbeiten und wechselte ständig die Wohnungen. „Vom Alkohol krank, schlief Woyzeck bald unter Brücken. Obwohl er zunehmend verwilderte, steckte ihm seine Geliebte Johanna Christiane Woost, die fünf Jahre ältere Stieftochter seines ehemaligen Arbeitgebers, Geld und Brot zu", zeichnet Henner Kotte den Verlauf dieses realen Lebensdramas nach.

Woyzeck war schon 1806 in Leipzig wegen eifersüchtig aggressiven Verhaltens angezeigt worden, nachdem er eine Geliebte geschlagen und verletzt hatte. Bei der Chirurgenwitwe Johanna Woost, die sich auch mit anderen Männern traf, zeigte er regelrechte Eifersuchtsanfälle. Er misshandelte sie wiederholt und hörte nach eigenen Aussagen Stimmen, die ihn zu ihrer Ermordung drängten. Diesen gab er 1821 nach: Er besorgte sich von dem wenigen Geld, das er besaß, eine Degenklinge, die er mit einem Griff versah. Mit dieser Waffe erstach er seine Geliebte am 2. Juni mit sieben Stichen im Hausflur, als sie gerade von einer anderen Liebschaft heimkehrte. Soldaten verhafteten ihn unweit des Tatorts.

„Obwohl nicht klar war, ob Woyzeck wirklich zurechnungsfähig war, erklärten ihn zwei aufeinanderfolgende Gutachten desselben Arztes für psychisch gesund", erzählt Henner Kotte. Und das, obwohl Gutachter Johann Christian August Clarus (1774-1854) mehrere Anzeichen notierte, die ihn auch anders hätten entscheiden lassen können: Woyzeck zeigte eindeutige Zeichen von Depression, Schizophrenie und Depersonalisation und litt nachweislich unter Herzjagen, Halluzinationen und Verfolgungswahn. Das Gericht bestätigte nach dem zweiten Gutachten dennoch das Todesurteil und setzte die Hinrichtung auf den 27. August 1824 an. Drei Jahre hatte der Prozess demnach gedauert.

5.000 Schaulustige strömten angeblich zum Marktplatz, um zu sehen, wie Woyzeck enthauptet wurde. Es war die erste Hinrichtung seit mehreren Jahrzehnten und es sollte die letzte an Ort und Stelle sein. Ein Augenzeugenbericht erzählt davon, dass der Delinquent ruhig und gelassen das Schafott betrat, laut betete und den Stuhl so zurechtrückte, dass der Scharfrichter seinen Kopf mit einem einzigen Schwerthieb abschlagen konnte. „Das Blut strömte nicht hoch empor; sogleich öffnete sich eine Fallthür, wo der Körper, der noch ohne eine Bewegung gemacht zu haben auf dem Stuhl saß, hinabgestürzt wurde; sogleich war er unten in einen Sarg gelegt und mit Wache auf die Anatomie getragen", berichtet Lehrer und Komponist Ernst Gebhard Salomon Anschütz (1780-1861) in seinem Tagebuch. Kurz darauf sei das Schafott abgebaut worden und alle ihrer Arbeit nachgegangen – so, als wäre nichts gewesen.

Der 22-jährige Georg Büchner stolperte wenige Jahre später über die Berichterstattung und fügte den Leipziger Fall mit zwei anderen Mordgeschichten zu seinem fragmentarisch gebliebenen Drama *Woyzeck* zusammen. Allen dreien war gemeinsam, dass der Täter aus einfachen Verhältnissen stammte, ein wenig gebildeter Handwerker war, als Soldat gedient und ein Verhältnis mit einer standesmäßig höher gestellten Frau hatte, von der er betrogen wurde.

Bei allen Parallelen zur Wirklichkeit macht Büchner in seinem literarischen Werk jedoch durchaus Gebrauch von seiner künstlerischen Freiheit. Er nutzt zwar den Nachnamen des Leipziger Täters für seine Geschichte, ändert aber alle anderen Namen. Der von seinen Vorgesetzten drangsalierte und für medizinische Experimente miss-

Hier starb am 27. August 1824 der historische Woyzeck.

brauchte Woyzeck des Dramas tötet mit Marie die Mutter seines Kindes – und nicht seine Geliebte. Und noch etwas ändert Büchner: Bei der Frage nach der Schuldfähigkeit des Mörders kommt er zu einem anderen Schluss als die Gutachter der drei realen Täter. Der Autor ist davon überzeugt, dass jeder zum Mörder werden kann, weil äußere Einflüsse den inneren Gemütszustand entscheidend prägen. Der Täter als Opfer der Gesellschaft – dieser Gedanke galt in der ersten Hälfte des 19. Jahrhunderts als geradezu revolutionär.

Dank Büchners Werk ist der Name *Woyzeck* noch heute ein Begriff. Dass der Fall in realem Zusammenhang mit dem Stadtwappen vor dem Alten Rathaus steht, dürften allerdings die wenigsten Schüler und Studenten wissen, die sich mit der literarischen Version auseinandersetzen. „Wegen dieser historischen Bedeutung ist es respektlos, einfach so über diese Stelle zu latschen", schließt Autor Henner Kotte seine Erklärung. Deshalb bläut er denen, die mit ihm in der Stadt unterwegs sind, ein, einen Bogen um die farbigen Steine im Pflaster zu machen. Es bringe Unglück, wenn man es trotzdem tut, das kann er auch mit einem Augenzwinkern belegen: „Ein Junge zum Beispiel, der trotz Warnung unbedingt über das Wappen gehen musste, ist kurz darauf in einen Hundehaufen getreten." Da macht man es doch lieber wie die alten Leipziger und lässt dieses besondere Wappen links oder rechts liegen.

Heike Thissen

So geht's zum Stadtwappen:

Das Wappen, das den ehemaligen Hinrichtungsplatz markiert, ist vor dem Alten Rathaus ins Pflaster eingelassen.

Winzig klein und doch so bedeutsam: die rätselhaften Zeichen an der Hauswand.

04

Steinmetzzeichen

Für die Ehre und den Geldbeutel

„Die Schönheit liegt im Auge des Betrachters", sagt ein Sprichwort. Manchmal muss der Betrachter aber ganz genau hinsehen, um die Schönheit zu entdecken – und dann umso entzückter zu sein. Das ist auch an der Fassade um den Eingang zu einem Ladengeschäft am Nikolaikirchhof herum nicht anders: Wenn man sie genauestens betrachtet, kann man an ihr ein kunstvolles Zeichen neben dem anderen entdecken. Sie sind alle nicht sonderlich groß, nicht größer als eine Kinderhand, und sie sehen aus wie rätselhafte Runen. Günter Hempel weiß, was es damit auf sich hat. „Das sind Steinmetzzeichen", sagt er. „Das Gestein, Rochlitzer

Porphyr – der sächsische Marmor –, stammt aus einem Steinbruch in der Nähe von Rochlitz, und die große Steinmetztradition der Stadt Leipzig ist eng mit den Bauhütten Rochlitz und Torgau verbunden." Steinmetzzeichen wie jene – an dieser Stelle wurden sie offensichtlich noch einmal nachbearbeitet – seien ein „Gütesiegel" gewesen, mit denen die Steinmetze kundtaten, dass sie diesen Stein gehauen haben – so, wie ein Künstler ein Bild signiert, wenn es fertig ist, haut ein Steinmetz am Ende sein Zeichen ein.

Doch die Steinmetzzeichen hatten im Mittelalter noch einen ganz anderen, praktischen Zweck: Sie dienten der Abrechnung: Ein Steinmetz stapelte die Quader, die er behauen hatte, und versah die obere Reihe mit seinem Zeichen. So konnte der Meister am Zahltag genau erkennen, welcher Stapel zu welchem Steinmetz gehörte, wie viele Steine er gehauen hatte, und ihn nach Stück bezahlen. Jeder Lehrling einer Bauhütte bekam nach seiner fünfjährigen Ausbildung ein solches Steinmetzzeichen, das er wohl selbst entwerfen durfte und das nicht mehr geändert werden konnte. Manche Quellen sagen, dass sich die Steinmetzzeichen einer Bauhütte allesamt ähnelten und voneinander abgeleitet wurden. Dadurch habe man erkennen können, wo ein Steinmetz gelernt hatte, denn die Angehörigen dieses Berufsstandes gingen viel auf Wanderschaft.

„Bei schweren Verstößen gegen die Bruderschaft" habe das Steinmetzzeichen aufgehoben werden können, schreibt Alfred Schottner in einer Abhandlung über die mittelalterlichen Dombauhütten. Darin erklärt er auch: „Das Zeitalter der etwa von 1250-1500 andauernden ‚himmelsstürmenden Gotik' war zugleich die hohe Zeit der Steinmetzzeichen. An den aus jener Epoche noch vorhandenen Bauwerken sind sie zu Hunderten abzulesen, wobei die Stabform mit Abzweigen bzw. Ästen vorherrscht." Also genau so ein Zeichen, wie es

Günter Hempel ist auf die Zeichen aufmerksam geworden.

an der Fassade gegenüber der Nikolaikirche zu finden ist. Und auch das passt dazu: „Sie sind keilförmig eingeschlagen und an den Enden prismatisch abgeschlossen." Übrigens: Wurde ein Steinmetz zum Meister, durfte er sein Zeichen in ein Wappen setzen – und wenn die Nachfahren ebenfalls Baumeister waren, übernahmen sie das Wappen meistens. Durch derartige Kennzeichnungen war es möglich, das Wirken einer Baumeisterfamilie über viele Jahrhunderte hinweg zu verfolgen, zumal diese sich oft stolz selbst ein Denkmal setzten, indem sie das Wappen deutlich sichtbar, zum Beispiel auf Schlusssteinen, anbrachten.

„Das Gestein, Rochlitzer Porphyr – der sächsische Marmor –, stammt aus einem Steinbruch in der Nähe von Rochlitz, und die große Steinmetztradition der Stadt Leipzig ist eng mit den Bauhütten Rochlitz und Torgau verbunden."

Deshalb sind solche Wappen – und auch ganz einfache Steinmetzzeichen – für die Erforschung von Bauwerken von großer Bedeutung. Das würde man den kleinen Zeichen an der Hauswand gar nicht ansehen. Wer würde denken, welch große Geschichte hinter den kleinen Zeichen steckt, die sich an diesem für Leipzig so bedeutsamen und zentralen Platz befinden?

Eva-Maria Bast

So geht's zu den Steinmetzzeichen:

Man kann sie gegenüber der Nikolaikirche am Eckhaus Ritterstraße / Nikolaikirchhof um den Eingang herum entdecken.

24

05

Die Straßenbahnrosette am Marienplatz.

Straßenbahnrosette

Als die Pferdestärken nicht mehr reichten

Wie Sie sehen, sehen Sie nichts. Zumindest nichts, was an diesem Haken hängen würde. Denn das gusseiserne Metallteil hat lange schon ausgedient. Dabei hatte es einst so eine wichtige Funktion: An Haken wie diesen hingen früher die Oberleitungen für die Straßenbahn. Und die hat in Leipzig eine lange Geschichte, die schon am 20. April 1871 begann als Gabriel Diodati (1828-1914) und der Bankier Charles Schaeck eine Konzession für den Bau von Pferdebahnen erhielten und die Leipziger Pferde-Eisenbahn-Gesellschaft (LPE) gründeten. Damit lagen sie voll im Trend ihrer Zeit: Überall in den großen Städten entstanden Ende des 19. Jahrhunderts Pferdebahnen, die den Transport mit Kutsche und Pferd auf Schienen verlegten. „Dass man von Straßenverkehr auf Schienen überging, hatte Komfortgründe. Auf Schienen fuhr es sich wesentlich besser, als auf dem unregelmäßigen Pflaster", erklärt Jens

Strobel, Mitarbeiter im Leipziger Straßenbahnmuseum. „In anderen Städten, zum Beispiel in Berlin, gab es lange vor uns eine Pferdebahn, aber in Sachsen waren wir immerhin die Ersten."

Die beiden Unternehmer machten sich also gleich ans Werk und eröffneten schon am 18. Mai 1972 die Strecken. Betuchte Leipziger fuhren gern mit ihrer Pferdebahn, die Ausdehnung des Schienennetzes in diverse Stadtteile ließ nicht lange auf sich warten. Jedoch: „So eine Pferdebahn ist eine ziemlich aufwendige Angelegenheit", sagt Strobel. „Man musste entsprechend viele Pferde vorhalten, die wurden auch mal krank, es brauchte Pfleger und Ställe. Da war die Variante einer Elektrifizierung viel einfacher." Zumal die „Große Leipziger Straßenbahn (GLSt)", „Die Blaue", als Nachfolgerin der LPE bald Konkurrenz bekam: durch die „Leipziger Elektrische Straßenbahn (LESt)", „Die Rote", die am 28. Februar 1895 die Konzession für den Betrieb einer elektrischen Straßenbahn erhielt und bereits am 11. Juni mit dem Bau begann. Dem wollte „Die Blaue" nicht nachstehen, elektrifizierte nun ebenfalls und hatte es dabei leichter als die Konkurrenz: Sie konnte im Gegensatz zur „Roten" auf ein komplett ausgebautes Schienennetz zurückgreifen. „Die Pferdebahn war ja auf rund 50 Kilometern Schienen gefahren, die man weiterverwenden konnte. Innerhalb von einem Jahr wurde elektrifiziert", sagt Strobel. Damit hatte sich „Die Blaue" die Hauptstrecken schon mal gesichert. „Auch die Beiwagen – ausgediente Pferdebahnwagen – waren bereits vorhanden und mussten nur noch ein wenig umgebaut werden. Erst später, um die Jahrhundertwende, hat man dann neue Beiwagen beschafft", verdeutlicht der Experte. Im Zuge dieser Elektrifizierung der „Blauen" und des Neubaus der „Roten" wurden nun auch die riesigen Eisenhaken nötig, an denen die Oberleitungen befestigt wurden. Sie hängen heute noch an zahlreichen Fassaden in der Stadt – in etwa sechs Metern Höhe. „In engen Häuserschluchten hängte man die Oberleitung nicht an Masten, sondern an die Häuser", erklärt Strobel.

Im Konkurrenzkampf zwischen Blau und Rot stand „Die Blaue" also etwas besser da. „Deshalb hat die Stadt sich eingeschaltet und entschieden, dass *Die Rote* durch die Innenstadt fahren darf und *Die Blaue* um den Ring." Dennoch seien teilweise an Engstellen gemeinsame Streckennutzungen nicht ausgeblieben. Doch letzten Endes einigte man sich: „Am 31.12.1916 wurden die beiden Gesellschaften zusammengeschlossen und 1919 kommunalisiert. In der Folge konnte nun endlich ein einheitlicher technischer Standard hergestellt werden", sagt Strobel. Damit war's aus mit der „Roten" und der „Blauen", denn die Wagen erhielten nun einen einheitlichen Anstrich in Elfenbein mit schwarzer Bauchbinde. Der Zusammenschluss erfolgte mitten im Ersten Weltkrieg, der an der Bahn, wie Strobel sagt, im Vergleich zum Zweiten Weltkrieg wenig Schaden angerichtet habe. „Ein ganz wesentlicher Meilenstein war aber, dass nun Schaffnerinnen und später auch Fahrerinnen auf der Straßenbahn arbeiteten." Ihre männlichen Vorgänger mussten ins Feld ziehen.

Im Zweiten Weltkrieg wurden zwar „nur" etwa 20 Prozent der Wagen getroffen, doch die Beschädigung eines großen Teils des Streckennetzes bereitete enorme Probleme. „Von Dezember 1943 bis zum Frühjahr 1945 musste der Verkehr immer wieder streckenweise oder sogar komplett eingestellt werden", sagt Strobel. Doch die Leipziger packten kräftig an, um abschnittsweise wieder fahren zu können. Fortan nutzen wieder unzählige Leipziger und ihre Gäste das Verkehrsmittel. Und der Trend ist ungebrochen: 2017 waren es – inklusive Bus – 156 Millionen Fahrgäste.

Viele alte Rosetten haben ausgedient, sind durch modernere Aufhängungen ersetzt worden oder haben an Strecken, die heute nicht mehr existieren, schon vor langer Zeit ihre Funktion verloren. Doch nur, um eine andere zu bekommen: Sie sind zu Erinnerungshaken geworden, die von alten Zeiten der Leipziger Straßenbahn künden. Sichtbar für all jene, die die Geschichte kennen und die Haken zuzuordnen wissen. Wie Sie sehen, sehen Sie jetzt, mit Ihrem neuen Wissen, eine ganze Menge – vor Ihrem inneren Auge.

Eva-Maria Bast

....

So geht's zur Straßenbahnrosette:

Ein besonders schönes Exemplar hängt am Haus Chopinstraße 15.

Sabine Knopf traut sich, den Krebs zu streicheln. Sie weiß:
Er wird ganz sicher nicht zwicken.

06

Krebse

Bloß keine Remittenden

Sie sind im Ruhestand. Sozusagen: Die steinernen Krebse, die auf den großen Steinblöcken rechts und links des Eingangs zum Gebäude Dresdner Straße 1 hocken, haben zum einen ihre besten, zum anderen aber auch ihre anstrengendsten Tage schon hinter sich. Verwaschen, wie sie sind, erkennt sie kaum noch jemand als Krebs. Es wirft ihnen auch niemand flehentliche Blicke zu oder bittet sie eindringlich, ihren Job gut zu machen. Das war früher anders. Denn als das Haus 1913 bis 1915 gebaut wurde, stellte der Bauherr, sein Name war Bernhard Meyer, die Krebse nicht nur einfach so als Zierelement vor das ohnehin mit Bauschmuck schon sehr reich bestückte Gebäude – sondern aus gutem Grund: „Das hier war, wie viele Häuser im Graphischen Viertel, ein Druck- und Verlagshaus", sagt Sabine Knopf, die mehrere Publikationen zur Buchstadt Leipzig geschrieben hat. „*Krebse* nannte man früher die Bücher, die an den Verlag zurückgeschickt wurden, also die Remittenden. Remittenden waren ein Schreckensbild für Verleger." Deswegen wurden Darstellungen von Krebsen im apotropäischen, also abwehrenden Sinne verschiedentlich an Verlagshäusern angebracht.

Dieser Brauch stammt aus einer Zeit, in der der Buchdruck noch gar nicht erfunden war: Nach dem Muster „Gleiches mit Gleichem" wurden im Mittelalter vielfach an Gebäuden finster dreinblickende Fratzen angebracht, die die Aufgabe hatten, das Böse vom Haus abzuhalten. Manchmal wurden die Hausbesitzer aber auch konkreter und schmückten ihr Haus etwa mit einem Wolf, wenn sie nahe des Waldes wohnten und die damit einhergehende Gefahr bannen wollten. Und diese Krebse sollten eben remittierte Bücher verjagen. „Die Verleger haben auch jeweils vor Ostern ein traditionelles Essen abgehalten, da gab es immer Hummer als Symbol für den Krebs", erzählt Sabine Knopf. Zufällig gewählt war das Tier dabei nicht, wie *Knaurs Lexikon der Symbole* zu entnehmen ist: „Das Gliedertier schien vielfach wegen seines Rückwärtsganges als Un-glücksbringer [...]." Und rückwärtslaufende Bücher, also Remittenden, brachten

Sehr verwaschen und daher nur schlecht zu erkennen: Auf diesem Sockel sitzt ein Krebs.

dem Verlag auch Unglück. Vor dem Gebäude Dresdner Straße 1 machten die Krebse einen wirklich guten Job: „Bernhard Meyer war zwar nicht der bekannteste Verleger, aber durchaus erfolgreich und sehr wohlhabend", sagt Sabine Knopf.

1913 bis 1915 ließ er das von seinem Schwiegersohn Kurt Herrmann (1888-1959) geplante neoklassizistische, siebengeschossige Gebäude errichten und zog mit seinem 1889 gegründeten Verlag ein. Hier wurde unter anderem die Zeitschrift *Nach Feierabend* produziert, die er 1899 übernahm. „Die Auflage lag bei mehr als einer Million", betont

Sabine Knopf, „später brachte Meyer auch Modezeitschriften heraus."

Nicht abzuwehren vermochten die Krebse leider Bernhard Meyers Schwiegersohn Kurt Herrmann, der das Gebäude geplant hatte und den Verlag ab 1929 leitete. „Das ist ein unrühmlicher Teil der Geschichte dieses Hauses", kommentiert Sabine Knopf. „Der Schwiegersohn war ein Freund Hermann Görings und stark an der Enteignung jüdischer Firmen im Dritten Reich beteiligt." 1945 erlebte Herrmann dann am eigenen Leib, wie sich das anfühlt: „Die Firma wurde nach 1945 enteignet und war bis 1949 im Besitz der SPD, dann der SED", schreibt Sabine Knopf in *Buchstadt Leipzig*.

„Die Verleger haben auch jeweils vor Ostern ein traditionelles Essen abgehalten, da gab es immer Hummer als Symbol für den Krebs."

Nach verschiedenen Besitzerwechseln und Fusionen wurde das Unternehmen zu „Interdruck", wo 1980 „ein Drittel der graphischen Produktion in Leipzig" lief. „Der Betrieb besaß 28 Produktionsstätten in Leipzig und hatte 3.500 Beschäftigte." Es war ein Zentrag-Unternehmen (Zentrale Druckerei-, Einkaufs- und Revisionsgesellschaft mbH), gehörte also der SED. Sie erzählt auch, wie es nach der Wende weiterging: „Um Interdruck privatisieren zu können, wurde der Betrieb juristisch in Volkseigentum überführt und dann von der Treuhand in sieben GmbHs aufgeteilt. Seit 1992 gehört die Firma Interdruck zu Frotscher Druck, 1993 entstand ein neues Druckereigebäude in Gerichshain." In dem alten Firmensitz befinden sich heute Büros und Wohnungen.

Und die Krebse können faul in der Sonne liegen und ihren Ruhestand genießen. Sie haben nichts mehr zu tun.

Eva-Maria Bast

....
So geht's zu den Krebsen:

Sie sitzen rechts und links vor dem Eingang zum Gebäude Dresdner Straße 1.

Gesine Oltmanns steht am Eingang des Gebäudes Marianne 46, in dem sie in den Monaten vor der Wende gewohnt und viel erlebt hat.

07

Marianne 46

Revolution zwischen Unterhosen

Im Hof hat eine alte Dame, Oma Läppchen, wie sie von ihren Nachbarn genannt wurde, immer ihre Unterhosen aufgehängt. Und zwischen diesen Unterhosen saßen ebenjene Nachbarn und schmiedeten Pläne. Pläne, wie man die DDR stürzen könne. Denn die Nachbarn, das waren Mitglieder der Opposition und hatten das Haus in der Mariannenstraße besetzt, in dem Oma Läppchen wohnte. Nun ja, nicht das ganze Haus, sondern das Erd- und das Dachgeschoss. Eine dieser Hausbesetzerinnen, Gesine Oltmanns, steht jetzt, rund 30 Jahre später, vor dem Gebäude und berührt nachdenklich die Tür, durch die sie so oft ein und aus gegangen ist. An dem Haus erinnert rein gar nichts mehr daran, dass es einmal besetzt, mehr noch, dass „Marianne 46" das Zentrum der Leipziger Opposition und des Straßenmusikfestivals von 1989 war. „Wir haben eine friedliche Ko-Existenz mit Oma Läppchen geführt", sagt sie und lächelt.

Dazu, dass Gesine Oltmanns und ihre Freunde im Mai 1988 das Haus besetzten, kam es so: „Rainer Müller war derjenige, der die Wohnung gemeinsam mit seiner Freundin Katrin besetzte", sagt Gesine Oltmanns. „Sie haben beobachtet, dass jemand ausgezogen ist, weil die Wohnumstände katastrophal waren, es war stickig, die Tapete fiel von den Wänden, es war ein total kaputtes Haus." Eine Frau sei mit ihren Kindern aus der Tür gekommen und habe dem jungen Paar die Schlüssel in die Hand gedrückt mit den Worten: „Hier will sowieso keiner wohnen." Niemand habe sich an der Wohnungsbesetzung gestört, auch nicht Oma Läppchen und eine weitere alte Dame, die in dem Haus lebte. „Die waren im Endeffekt ganz froh, dass sie in dieser Ruine nicht allein wohnen mussten", sagt Gesine Oltmanns.

Rainer Müller zog mit seinen Freunden Frank Sellentin und Christian Seichter ins Erdgeschoss, im ersten und zweiten Stock lebten die beiden alten Damen und unter dem Dach eine Frauen-WG. Eine Freundin von Gesine Oltmanns, Katrin Hattenhauer, wohnte mit dort, und so kam eins zum anderen: „Ich habe Katrin oft besucht, Christian Seichter wurde mein Freund, und ich wohnte mit hier. Später haben wir eine Familie gegründet und sind heute noch zusammen." In diesen Zimmern saßen die damals jungen Erwachsenen also und planten Aktionen, wie zum Beispiel das Straßenmusikfestival im Januar 1989. „Wir wurden von der Stasi natürlich überwacht", sagt Gesine Oltmanns. „Es gab Hausdurchsuchungen, und wir wurden wegen unserer Flugblattaktionen auch verhaftet, wir haben fast 9.000 Flugblätter in ganz Leipzig verteilt." Tags darauf hätten fünf Stasi-Mitarbeiter die Wohnung gestürmt. „Die drehten jedes Zettelchen um. Zehn Tage dauerte die Haft, dann wurden wir auf Anweisung Honeckers wieder freigelassen. Das war zur Zeit des KSZE-Folgetreffens in Wien. Die Stasi hier hat getobt, weil die endlich mal einen Erfolg hatte und Leute, die sie schon lange auf dem Kieker hatte, festsetzen konnte, und dann mussten wir freigelassen werden. Für uns war das sehr ermutigend, für die Stasi recht demoralisierend."

Am 4. September 1989 gingen die Gesichter Gesine Oltmanns und Katrin Hattenhauers um die Welt. Der *Spiegel* berichtet: „Das Friedensgebet in der Nikolaikirche in Leipzig war gerade beendet, die Menschen strömten aus dem Gotteshaus. Gesine Oltmanns entrollte gemeinsam mit Katrin Hattenhauer ein Bettlaken. Darauf stand: *Für ein offnes Land mit freien Menschen*. Wenige Sekunden später stürzten sich Stasi-Mitarbeiter auf die jungen Frauen, rissen das Banner herunter. Die beiden Frauen hielten sich an dem Laken fest, Hattenhauer fiel zu Boden und wurde ein paar Meter mitgeschleift. Die westdeutschen Kamerateams, die an jenem Montag auch wegen der Leipziger Messe in der Stadt waren, nahmen die Szene auf. Die Bilder wurden zu einem historischen Dokument. Sie wurden am Abend in der Tagesschau gezeigt." Und Gesine Oltmanns wurde zu einer „Frontfrau" der Revolution. Brauchte es Mut, sich dem DDR-Regime zu widersetzen? „Wir waren so im Aktionsmodus drin, dass wir gar nicht groß darüber nachgedacht haben", sagt Gesine Oltmanns. „Dennoch haben wir natürlich immer gewusst und gemerkt, dass wir gefährdet waren." Sie zieht ein Foto aus der Tasche und zeigt ein Auto am Straßenrand, in dem Mitarbeiter der Stasi mit Kameras saßen, die das Haus beobachteten.

Halt habe auch das starke Miteinander gegeben: „Wir haben uns gut abgesprochen, es gab auch Vorkehrungen, falls jemand inhaftiert oder abgeholt werden würde. Das funktionierte auch Anfang Januar 1989: Als wir verhaftet wurden, ging eine riesige Solidaritätswelle durch die DDR. Es wurden Friedensgebete und Mahnwachen abgehalten. Das hat uns unglaublich stark gemacht, zu wissen, dass dieses Netzwerk funktioniert." Das gelte auch für die Demonstrationen: „Anfangs waren es nur wenige, aber von Montag zu Montag wurden es mehr." Das Netzwerk habe über eine Telefonkette und Telegramme funktioniert. „Und es gab auch über Berlin Kontakte zu Westjournalisten, die das dann wieder in die Presse und in die Tagesschau brachten. Dann strahlte das zurück, denn die DDR-Bürger schauten ja nicht die *Aktuelle Kamera*, sondern die *Tagesschau*."

Dass mit dem System, in dem sie aufgewachsen ist, etwas nicht stimmt, hat Gesine Oltmanns schon in ganz jungen Jahren festgestellt. „Ich bin da reingewachsen, weil meine Eltern sehr kritisch waren, ich stamme aus einem Pfarrhaushalt, und die Eltern waren eher sozialdemokratisch orientiert und kamen mit diesem ganzen System überhaupt nicht zurecht." Sie sei dadurch in kritischem Denken geschult worden. „1987 kam es ja dann in Berlin zu dem Überfall der Stasi auf die Umweltbibliothek, und da dachte ich: Jetzt müssen wir mehr tun, um uns zu wehren." 1988 begann sie, sich für die Berliner Verhafteten zu engagieren. „Wir haben hier in Leipzig über mehrere Wochen eine große Solidaritätsaktion durchgeführt." Die oppositionelle Arbeit habe sie so mit Beschlag belegt, dass sie dann „eigentlich nichts anderes mehr gemacht" habe. Studieren durfte sie ohnehin nicht: „Ich hatte mich als Schülerin geweigert, am Wehrkundeunterricht teilzunehmen, das war mein erstes eigenes Statement. Ich habe das auch gegenüber der Schulleitung vertreten, was mir einen Eintrag in die geheime Personal-Akte eingebracht hat – dass ich eben nicht studieren darf." Eine Ausbildung sei ihr dadurch auch verwehrt gewesen. „Es ging immer bis fast kurz vor dem Ausbildungsvertrag, und dann hieß es, es passe doch nicht." Sie habe deshalb den Weg der selbst erschlossenen Bildung gewählt und dabei viele Gleichgesinnte kennengelernt. „Wir waren jung und voller Energie. Wir sind alle nicht schwer geschädigt aus dieser Zeit herausgegangen, wo wir irgendwo auch schon Opfer waren", sagt sie nachdenklich.

„Wir hatten einander und wir hatten die Marianne 46. Ich denke schon, dass das in den Jahren 1988/89 ein wichtiger Ort war." Weil hier Pläne geschmiedet wurden und weil das Haus ein Zufluchtsort gewesen sei: „Wir waren so eine Art offene Wohnung, und alle, die gerade keinen Unterschlupf hatten, die Probleme hatten, einen Ausreiseantrag gestellt hatten oder nicht mehr arbeiten durften, konnten zu uns kommen." Deshalb verbinde sie die Jahre 1988 und 1989 zwar schon mit Gefängnis und Stasi, aber auch „mit ganz viel schönem Hinterhof-Feeling. Wenn man jemanden treffen wollte oder etwas auf dem Herzen hatte, ging man eben in die Marianne 46."

Eva-Maria Bast

So geht's zur Marianne 46:

Das Gebäude steht, wie der Name schon sagt, in der Mariannenstraße 46.

Was für eine Wade! Goethes Wade? Nicht wirklich.

08

Wade

Ein Turnerbein für Goethe

D ie Wade der Nation! Damit machte Michael Ballack im Jahr 2010 Schlagzeilen, als er wegen einer Verhärtung in der Wade nicht zur Fußball-Weltmeisterschaft antreten konnte. Doch es gab noch eine andere Wade, die die deutschen Gemüter einst beschäftigt hat. Mehr als hundert Jahre zuvor. Es war die Wade eines jungen Mannes, der in Leipzig Jura studierte und später einmal berühmt werden sollte: Johann Wolfgang von Goethe (1749-1832). Wobei, streng genommen war es nicht seine Wade, sondern die eines Turnlehrers, der seine Wade Goethe sozusagen auslieh.

Doch der Reihe nach: Es geht um die Wade des von Bildhauer Carl Seffner (1861-1932) geschaffenen Bronzedenkmals auf dem Naschmarkt, das an Goethes dreijährigen Studienaufenthalt in Leipzig erinnert und ihn als jungen Mann zeigt. Der Leipziger Günter Hempel sagt: „Zu Goethes Zeiten war die Wade ein Männlichkeitssymbol." Das fand wohl auch der Dichter selbst, der 1769 zwanzigjährig dichtete: *Mir Armen, itzt der Mädchen Hohn, / Mir helfe doch Cytherens Sohn Zu meinen Waden, / Da nehm' ich wohl auf meinen Leib Im künftgen Jahr ein junges Weib, / Das kann nichts schaden.*

Was Goethe dazu gesagt hätte, dass sein Wunsch zumindest teilweise in Erfüllung ging und ihm ein Denkmal mit einer außerordentlich prachtvollen Wade gesetzt wurde? Hempel vermutet: „Er wäre vermutlich geschmeichelt gewesen, denn Goethe hatte zu seinem Leidwesen keine Wade – oder zumindest keine ausgeprägte, männliche. Es

war der Turnlehrer Wehner, der für das Denkmal Modell stand." Nicht allerdings, um Goethe eine schönere Wade zu verschaffen, sondern weil der Dichterfürst, als ihm das Denkmal gesetzt wurde – 1903 – längst das Zeitliche gesegnet hatte und somit nicht als Modell zur Verfügung stand. Das Gesicht ist freilich schon das Goethes – allerdings nicht des jungen Leipziger Studenten Goethe, sondern des deutlich älteren, der dann wieder auf jung getrimmt ist. Denn der Bildhauer hatte keinen Zugriff auf ein Goethe-Bild aus dessen Leipziger Zeit und musste sich dieserart behelfen.

Carl Seffner fertigte die Skizze für das Standbild 1895. Angedacht war zunächst, ein Marmorstandbild in einer Grünanlage zu schaffen, zwei Jahre später reichte Seffner einen Entwurf für ein Bronzestandbild ein. Dass es am Naschmarkt aufgestellt werden soll, wurde im Mai 1901 entschieden.

Günter Hempel weiß so einiges über den bronzenen Goethe und dessen Wade zu berichten.

Günter Hempel hat noch eine weitere Stelle aus Goethes Werken ausfindig gemacht, bei der es um eine Wade geht: *Faust.* Mephistopheles sagt in der Szene *Hexenküche* zur Hexe, die ihn nicht erkennt, weil sie seinen Pferdefuß vermisst: *„Darum bedien' ich mich, wie mancher junge Mann, / Seit vielen Jahren falscher Waden."* Als Goethe jene Zeilen schrieb, wusste er freilich nicht, dass er selbst einmal falsche Waden erhalten würde. Hempel weist noch auf einen anderen Aspekt am Goethe-Denkmal hin: „Die Fußstellung und der Stein sind ein Hinweis darauf, dass Goethe in Leipzig den Weg zur Freimaurerei fand. Er steht hier leicht angewinkelt und im Schritt, in der Bewegung. Das Symbol für einen Menschen, der sich der Freimaurerei nähert, ist der unbehauene Stein, der auf dem Denkmal abgebildet ist."

„Er wäre vermutlich geschmeichelt gewesen, denn Goethe hatte zu seinem Leidwesen keine Wade – oder zumindest keine ausgeprägte, männliche. Es war der Turnlehrer Wehner, der für das Denkmal Modell stand."

Die ganze Körpersprache legt nahe, dass der Student spazieren geht – oder besser: mit einem Buch in der Hand lustwandelt. Dann sind rechts und links am Sockel noch die Porträts zweier Damen – Friederike Oeser (1748-1829) und Anna Katharina (Käthchen) Schönkopf (1746-1810) – zu finden. Erstere war seine gute Freundin, letztere seine erste große Liebe (siehe Geheimnis 47). Was die wohl zu der prachtvollen Männerwade gesagt hätten?

Eva-Maria Bast

So geht's zur Wade:

Sie befindet sich am Goethe-Denkmal auf dem Naschmarkt.

Was hat eine Straßenbeleuchtung aus dem 19. Jahrhundert auf dem Neustädter Markt zu suchen?

09

Gaskandelaber

Schmuckstück vor dem Verfall gerettet

Wie ein schlanker schwarzer Leuchtturm steht der imposante Gaskandelaber neben der Heilig-Kreuz-Kirche auf dem Neustädter Markt. Ein sechs Meter hohes schmiedeeisernes Kunstwerk aus einer längst vergangenen Zeit. Die Spuren seiner 140 Jahre sind ihm nicht anzusehen. Nicht mehr. Denn wie es kommt, dass die historische Laterne in diesem erstklassigen Zustand hier bewundert werden kann, ist eine spannende Geschichte mit vielen Wendungen.

„Ursprünglich stand der Gaskandelaber nämlich gar nicht an dieser Stelle, sondern mitten auf dem Neustädter Markt", erzählt Stadtteilkenner Henry Hufenreuter. Seit ungefähr 1876, als die Neustädter wie die Leipziger abends durch mit Gaslaternen erhellte Straßen flanierten, sorgte er hier als repräsentatives Schmuckstück für einen beleuchteten Platz. Ringsum spendeten kleinere Laternen Licht. „Das

38

heutige Leipzig-Neustadt war damals als *Neuer Anbau* Schönefeld zugehörig. Die nach der Reichsgründung 1871 bis zur Jahrhundertwende gewachsene architektonische Substanz bot damals wie heute eine anmutige Kulisse, in die sich der Kandelaber hervorragend einfügte", beschreibt der Vorsitzende des Bürgervereins Neustädter Markt das bereits zu jener Zeit – besonders in den Abendstunden – reizvolle Ensemble.

Dass den Leipzigern des Nachts auf den Straßen ein Licht aufgehen möge, hatte sich bereits Kurfürst August der Starke (1670-1733) gewünscht: „Uns würde zu gefallen reichen, wenn [...] Laternen gesetzt und bei Nachtzeit angezündet würden", schrieb er bereits am 19. September 1701 an den Rat der Stadt Leipzig. „Tatsächlich erleuchteten noch im selben Jahr 700 mit Lein- oder Rübsamenöl gespeiste Laternen den Nachthimmel, und zwar genau ab Heiligabend. Ob das nun auf Anraten des Kurfürsten geschah oder die Ära des technischen Fortschritts eine großflächige Beleuchtung auch ohne sein Zutun mit sich brachte, sei dahingestellt", erklärt Hufenreuter. Die Optik der schmiedeeisernen Leuchten auf Eichenpfosten hatte man sich in Amsterdam abgeguckt. Damit besaß Leipzig die erste Straßenbeleuchtung dieser Art in Deutschland.

Als 1838 das erste Gaswerk in Betrieb genommen wurde, stand einer zentral gesteuerten Beleuchtung nichts mehr im Wege: Die Öllampen wurden von 161 Gaslaternen abgelöst. Das passte gut zur Entwicklung der damaligen Zeit, ist sich der Vereinsvorsitzende sicher: „Leipzig genoss längst den Ruf einer florierenden Handelsmetropole und entwickelte sich nun auch zu einem Industriestandort von überregionalem Gewicht. Seinen Bewohnern versprach die Stadt Perspektive und einigen Wohlstand, also nahm die Bevölkerung kontinuierlich zu und damit natürlich auch die Fläche der Stadt." Der Bedarf an Beleuchtung in den Straßen wuchs, und so wurde das Versorgungsnetz nach und nach auf eine beträchtliche Größe ausgedehnt. Im Zuge dieser Entwicklung gelangte in den 1870er-Jahren auch der Kandelaber in die Nähe seines heutigen Standortes.

Doch in der Mitte des Marktes konnte er damals nicht bleiben, denn genau hier war ein Kirchenneubau geplant. 1893 musste der Kandelaber der Heilig-Kreuz-Kirche weichen. „Er wurde an den jetzigen

Standort an der Westseite der Kirche versetzt", berichtet Henry Hufenreuter. Vermutlich wurden seine vielen Schnörkel und kunstvollen Verzierungen nun längst nicht mehr so stark beachtet wie bei der ursprünglichen Installation. Die dreiteilige Lichtquelle, die damals schon Seltenheitswert hatte, galt als selbstverständlich und wurde daher wohl kaum noch wahrgenommen. Das gute Stück war einfach da und machte Licht, auch wenn es auf seinem Unterbau – besonders nach dem Zweiten Weltkrieg – zusehends verfiel. „Fast 100 Jahre erleuchtete die bejahrte Laterne den Platz, bis 1974 ihr Licht erlosch und das älteste Wahrzeichen des Stadtteils Neustadt 1996 schließlich wegen Baufälligkeit demontiert wurde", sagt Henry Hufenreuter und legt liebevoll seine Hand an den Kandelaber.

Damit hätte die Geschichte dieser besonderen Laterne enden können. Doch es kam zum Glück anders. Denn dass der historische Leuchter einfach so verschwinden sollte, wollten der Vorsitzende des Bürgervereins Neustädter Markt und seine Mitstreiter nicht kommentarlos hinnehmen. Vor der Demontage hatte der Verein sich nämlich schon bemüht, das kostbare Stück mit einer Sanierung vor dem Verfall zu retten. „Nachdem er einfach so abgebaut worden war, machten wir uns auf die Suche nach dem Kandelaber und fanden ihn tatsächlich im Jahr 2000 in einer Gießerei in Wurzen", erzählt Henry Hufenreuter von der erfolgreichen Jagd nach dem verschollenen Leuchter. Doch die Restaurierung des verrosteten, längst nicht mehr vollständigen Kandelabers wäre in Deutschland nicht unter 20.000 Euro zu haben gewesen. Eine gewaltige Summe im Vergleich zu den Anschaffungskosten. „In den 1880er-Jahren wurden für eine schmie-

Henry Hufenreuter sitzt auf den Stufen der Heilig-Kreuz-Kirche.

deeiserne Straßenlaterne inklusive Anstrich, Verglasung, Petroleum, Ballon mit Zylinder und Laternenkorb mit schmiedeeiserner Stütze 257,50 Mark berechnet", weiß Henry Hufenreuter.

Ein polnischer Spezialist für künstlerisches Schmiedehandwerk übernahm schließlich im Dezember 2006 die aufwendige Sanierung der stark vom Rost gezeichneten Laterne zu bezahlbaren Kosten. Privatspenden ermöglichten es dem Verein, die Instandsetzung zu stemmen. „Zur detailgetreuen Erneuerung

„Die nach der Reichsgründung 1871 bis zur Jahrhundertwende gewachsene architektonische Substanz bot damals wie heute eine anmutige Kulisse, in die sich der Kandelaber hervorragend einfügte."

musste das gute Stück in Polen in viele Einzelteile zerlegt werden. Dort, wo Teile fehlten, wurden Neuanfertigungen notwendig, vor allem bei den Ornamenten", berichtet Henry Hufenreuter.

Am 29. März 2007 war es dann so weit: Der vollständig wiederhergestellte Kandelaber konnte an der alten Stelle westlich der Kirche auf einem sanierten Sockel wieder aufgestellt werden. Nur eines ist anders: Weil es an der Stelle zwischenzeitlich keinen Gasanschluss mehr gibt, ist das Licht heute elektrisch.

Heike Thissen

....

So geht's zum Gaskandelaber:

Die historische Straßenbeleuchtung steht am westlichen Ende des Neustädter Markts vor der Heilig-Kreuz-Kirche.

*Henner Kotte kann erklären, warum die Geschichte des Schwanen-
teichs viele Hundert Jahre zurückreicht.*

10

Schwanenteich

Letztes Überbleibsel des alten Stadtgrabens

Dass ein idyllischer Ort wie dieser einmal in Verruf geraten könnte, hätten sich die Leipziger Ende des 18. Jahrhunderts wohl nicht träumen lassen. Und doch ist der Schwanenteich mit der ihn umgebenden Grünanlage zwischen Goethestraße und Georgiring seit dem Ende der DDR fast ausschließlich in negativen Schlagzeilen aufgetaucht. Dabei gäbe es über das Areal nördlich von Augustusplatz und Oper so viel mehr zu erzählen als Geschichten von Drogengeschäften, weiß Stadtkenner Henner Kotte: „Beim Schwanenteich handelt es sich um einen letzten Rest des ehemaligen Stadtgrabens."

Den Wassergraben vor den Stadtmauern, die mit der Entwicklung der Waffentechnik im 18. Jahrhundert ihre militärische Funktion verloren hatten, ließ bereits Bürgermeister Franz Conrad Romanus (1671-1746) abschnittsweise zuschütten. So entstand der sogenannte „Untere Park", die Grünanlage, die noch heute direkt gegenüber dem Hauptbahnhof zu finden ist. Damit schuf er die Grundlage für den berühmten Leipziger Promenadenring, den ältesten städtischen Landschaftspark Deutschlands.

Es war dann rund hundert Jahre später Stadtbaudirektor Johann Carl Friedrich Dauthe (1746-1818), der ab 1784 im Auftrag des Bürgermeisters Carl Wilhelm Müller (1728-1801) nicht nur das Stück Park aus Romanus' Zeiten, sondern auch weitere Gelände zwischen dem ehemaligen Hallischen Tor im Norden und dem Grimmaischen Tor im Osten nach dem Vorbild von englischen Landschaftsgärten neu gestaltete. Er veranlasste, dass dafür die Schanzenanlagen vollständig abgetragen und die verbliebenen Gräben mit dem anfallenden Material aufgefüllt wurden. „Dauthe ließ jedoch ein Stück des alten Stadtgrabens erhalten und machte daraus den Teich. Um die Wasserfläche herum ließ er einen Park mit gewundenen Wegen und unregelmäßigen Durchblicken anlegen, der im Süden zum fast 30 Meter hohen Schneckenberg anstieg", berichtet Kotte von der ersten Umgestaltung des Areals. Der Aussichtshügel erhielt seinen Namen von den spiralförmig ansteigenden Wegen, die zum höchsten Punkt der Erhebung führten. Nach den weiß gefiederten Vögeln benannten die Leipziger das Gewässer, nachdem dort ab 1800 Schwäne lebten. Abbildungen aus dem beginnenden 19. Jahrhundert zeigen einen See, an dessen Ufer vornehm gekleidete Menschen spazieren gehen, und einen Berg, der mit seinen hohen Pappeln, Büschen und Bänken zum Verweilen einlädt. Der Geschichtskenner weiß, dass die Leipziger hier nicht immer ohne Hintergedanken entlangflanierten: „Im Park promenierte man auch, um seine Kinder zu verkuppeln. Das war also so etwas wie eine Einrichtung zur Eheanbahnung."

Bei den Maßnahmen von 1784 blieb es nicht. Der Schneckenberg, von dem sich damals ein kleiner Wasserfall in den Schwanenteich ergoss, wurde abgetragen, um hier ab 1864 das „Neue Theater" zu errichten. „Was man heute vom Schwanenteich sieht, ist also nicht mehr das, was Dauthe sich im 18. Jahrhundert überlegt hatte", führt Kotte aus. Der Verlust des Schneckenbergs dürfte nicht nur die Leipziger Kinder geschmerzt haben, die hier gerne rodeln gingen, sondern auch die Verehrer von Schriftsteller Theodor Körner (1791-1813). Der hatte hier im April 1813 unter den Pappeln die Vorlage für sein bekanntestes Lied *Lützows wilde verwegene Jagd* zu Papier gebracht, einen Ausdruck des kämpferischen Aufbegehrens in Leipzig gegen die napoleonische Besetzung, die sieben Jahre zuvor begonnen hatte. Heute ist der Dichter hier an der Rückseite des Opernhauses mit einer Gedenktafel verewigt.

Knapp hundert Jahre später änderte der Park abermals sein Gesicht. Henner Kotte erzählt vom Bau der Oper Ende der 1950er-Jahre, bei dem das Gelände und der Teich erneut umgestaltet wurden, nachdem das Neue Theater 1943 bei einem Bombenangriff zerstört worden war. Trotz aller Veränderungen öffnet der „Obere Park" auch heute noch viele Fenster in die Vergangenheit, zum Beispiel mit dem Eisenbahn-Obelisken von 1876 zu Ehren der Initiatoren der Leipzig-Dresdner Eisenbahn oder auch dem 1983 eingeweihten Richard-Wagner-Denkmal (siehe Geheimnis 13).

Am weitesten zurück reicht jedoch der Schwanenteich, der mit seinen kleinen Wellen daran erinnert, dass an seiner Stelle einst ein Wassergraben zur Verteidigung der Stadt verlief. Auch wenn dem Gelände die Idylle vergangener Jahrhunderte abhandengekommen ist: Ein wichtiges Stück Leipziger Geschichte lässt sich daran noch immer erzählen.

Heike Thissen

So geht's zum Schwanenteich:

Der Schwanenteich liegt in der Parkanlage nördlich der Oper zwischen Goethestraße und Georgiring.

In der Nikolaistraße blicken zahlreiche Tiere auf den Passanten herab. So auch dieses Raubtier.

Tierfiguren

Zeugen eines haarigen Trends

Da guckt doch einer! Wer durch die Nikolaistraße, eine der ältesten Straßen Leipzigs spaziert, fühlt sich vielleicht etwas beobachtet. Schaut er sich um auf der Suche nach dem, der da guckt, findet er nicht nur eines, sondern unzählige Augenpaare auf sich gerichtet. Die Beobachtenden sind allerdings keine Menschen, sondern Bär, Löwe, Tiger, Wolf und dergleichen mehr tierische Gefährten. Bedroht fühlen muss sich angesichts der Vielzahl an Raubtieren allerdings keiner – denn zum einen sind sie nicht lebendig, sondern aus Kupfer, zum anderen hat der Mensch sie – leider – längst besiegt: „Sie sollen daran erinnern, dass die Nikolaistraße und der Brühl früher das Zentrum des Weltpelzhandels waren", erklärt Gästeführer Mirko Seidel.

Die Figuren befinden sich samt und sonders am Seltershaus, Nikolaistraße 47-53. Gebaut wurde es in den Jahren 1908 und 1909 für den kaiserlich-japanischen Konsul Alfred Selter. „Am Seiteneingang sind auch noch fünf Putten in einem Majolika-Fries zu sehen", sagt Mirko Seidel. „Die Mädchen und Jungen tragen Stulpen, Mütze, Schal und Muff – natürlich aus Fell." Auch das, sagt Seidel, sei ein Werbeschild für die Pelzwaren ebenso wie die Bronzetiere und die Aufschrift *Selter & Weinert – Rauchwaren*.

„Eigentlich jedes Haus in der Nikolaistraße und im Brühl war ein Pelzhandelshaus", verdeutlicht Mirko Seidel. „Im Blauen Hecht schräg gegenüber waren allein 34 Pelzhändler untergebracht. Dieses Handwerk hat es hier zu großem Reichtum gebracht."

Doch warum spielte der Pelzhandel ausgerechnet hier so eine große Rolle? „Leipzig liegt europäisch gesehen in der Mitte – Sibirien ist genauso weit weg wie Spanien", erklärt Seidel. Außerdem habe der preußische König um 1780 eine Strafsteuer verhängt, die besagte, dass alles, was nicht in Preußen hergestellt wird, teuer und unnütz sei. Das habe viele Pelzhändler dazu veranlasst, Preußen den Rücken zu kehren und sich in Leipzig anzusiedeln. Zumal sich die Stadt an einer europaweiten Handelsstraße, der Via Regia, befand.

„Vor dem Ersten Weltkrieg wurde ein Drittel des Weltpelzhandels über Leipzig abgewickelt", erzählt der Stadtkenner weiter. 1912 habe der Pelzhandel ungefähr 40 Prozent des Steueraufkommens der Stadt ausgemacht.

Mirko Seidel vor dem Majolika-Fries.

Einen kleinen Einbruch erlebte der florierende Pelzhandel im Ersten Weltkrieg: „Nun waren ja Russland und Amerika, beide gute Kunden, Kriegsgegner. Nach dem Krieg gab es noch mal einen Aufschwung", schildert der Gästeführer die weitere Geschichte des Pelzhandels. Und dieser Aufschwung in der Weimarer Republik war enorm: „In den 1930er-Jahren gab es in Leipzig über 780 Kürschner und Pelzhändler", hat Mirko Seidel recherchiert.

Der Zweite Weltkrieg brachte einen erneuten Einbruch: Mehr als die Hälfte der „Rauchwaren-Unternehmen", wie sie genannt wurden, hatten sich in der Hand jüdischer Pelzhändler befunden, die nun enteignet wurden, etliche Geschäfte fielen außerdem dem Bombenhagel zum Opfer. „Doch ganz niederge-gangen ist die Branche nicht", führt Mirko Seidel weiter aus. Rund 200 Pelzhändler waren nach dem Zweiten

„Leipzig liegt europäisch gesehen in der Mitte – Sibirien ist genauso weit weg wie Spanien."

Weltkrieg noch in Leipzig zu finden, manch einer sei dann allerdings gen Westen abgewandert. In der DDR habe der Pelzhandel aber durchaus noch eine gewisse Bedeutung gehabt. „Hier fand zum Bei-spiel regelmäßig eine wichtige Messe statt, und ab 1960 gab es auch eine Reihe von Auktionen mit Pelzen aus aller Herren Länder. Nach der Wende war das dann alles vorbei."

Nur das Relief und die bronzenen Tierfiguren sind noch geblie-ben. Sie künden vom Aufstieg und Niedergang einer ganzen Branche, von feinen Damen und Herren im Pelz. Und auch davon, dass dieses Kapitel, das ihren lebenden Vorbildern großes Leid bescherte, in Leip-zig nun weitgehend der Vergangenheit angehört und dass Bär, Wolf & Co. hier nicht mehr um ihre Haut bangen müssen.

Eva-Maria Bast

So geht's zu den Tierfiguren:

Die Figuren und auch der Fries befinden sich am Seltershaus, Nikolaistraße 47-53.

12

Goldenes Schiff

Auf den Spuren der Freimaurer

Mit Schirm, Charme und Melone. Das schießt einem durch den Kopf, wenn man mit Günter Hempel für einen Rundgang durch die Stadt verabredet ist. Er trägt Weste, Fliege, Melone, Frack und überreicht als erstes eine Visitenkarte im winzig kleinen Briefumschlag. Um sodann mit wehendem Frack, gestützt auf den Regenschirm, der mal als Zeigehilfe, mal als Gehstock fungiert, durch die Stadt zu sausen, immer auf den Spuren der Freimaurer, immer in Eile, weil es in Leipzig viel, so viel zu entdecken gibt.

Überall findet und erklärt Hempel Freimaurersymbole. Er zeigt Winkelmaße an Fassaden als Symbol für die Gewissenhaftigkeit, Bienen als Zeichen des sozialen Miteinanders der Freimaurer, einen Schlüssel im Mund einer Fratze als Zeichen der Verschwiegenheit, der sich die Freimaurer verpflichtet fühlen, die große, mit einem Palmenwedel bekrönte Säule auf dem Nikolaihof, deren Symbolik auf die 1766 gegründete und immer noch bestehende Loge „Minerva zu den drei Palmen" zurückgeht.

Die Abenteuerreise durch die Stadt endet an einem ganz besonderen Relikt: einem Relief über einer Eingangstür, das ein goldenes Schiff zeigt. „Nicht jede Freimauerloge hatte in Leipzig ein eigenes Logenhaus, vor allem nicht am Anfang", klärt Hempel auf. „Die Treffen fanden in verschiedenen Cafés statt, und der Gasthof *Zum Goldenen Schiffe*, von dem nur noch diese Tafel übrig geblieben ist, war ein solcher Treffpunkt." In Leipzig habe es eine Kaffeehaus-Kultur gegeben, ähnlich der Biergartenkultur in Bayern. „Und die Kaffeehauskultur und die Geselligkeit der Freimaurer ergänzten sich. Diese Kaffeehauskultur war ohne die Freimaurer undenkbar – und umgekehrt waren die Freimaurer ohne die Kaffeehäuser in Leipzig undenkbar." Dass die Freimaurer auch das Gasthaus „Zum Goldenen Schiffe" für ihre Treffen auserkoren, sei gewiss kein Zufall gewesen, sagt Hempel und deu-

Mit Schirm, Charme und Melone: Günter Hempel auf den
Spuren der Freimaurer in Leipzig.

tet auf das Relief über der Tür. „Die Symbolik hat gut zum Freimaurerischen gepasst." Bei dem Schiff handelt es sich um einen Dreimaster mit aufgesetzten drei Lichtern, und in der Freimaurerei spiele die Zahl drei eine wichtige Rolle. „Es ist sozusagen eine heilige Zahl, und der Freimaurer durchläuft auch drei Stufen der Reife", erklärt Hempel. Weiter stehe das Schiff für Bewegung, und auch das sei der Freimaurerei eigen: nie stehenzubleiben, nie zu erstarren, durch die Arbeit an sich selbst immer vollkommener zu werden.

Die Geschichte der Freimaurerei in Leipzig beginnt im Jahr 1736, als ein Zusammenschluss von „sieben, im Auslande aufgenommenen Brüdern zu maurerischen Arbeiten" erwähnt wird, wobei es sich um Hugenotten, französische Glaubensflüchtlinge, handelte. Wie Günter Hempel in dem Buch *Leipzig und die Freimaurer*, das er zusammen mit Otto Werner Förster verfasst hat, schreibt, sei „die Leipziger Gründung von 1736 eine der ersten auf deutschem Boden" gewesen. Die Logenbrüder waren ziemlich jung, knapp 24 Jahre alt im Schnitt. Hempel erklärt den Gründungsimpuls in seinem Buch so: „Es war Bestandteil eines Aufbegehrens der Jungen, wenn auch schon Etablierten, gegen die verkrusteten Gesellschaftsstrukturen. Und durchaus trat nicht ‚das Bürgertum' gegen ‚den Adel' an. Sondern die aufklärerischen neuen Ideen gegen die alten."

Eine Stadt voller Symbolik: Auch dieses Schiff hat mit Freimaurern zu tun.

In der ersten Hälfte des 19. Jahrhunderts gab es in Leipzig drei Freimaurerlogen. „Die Loge ‚Minerva zu den drey Palmen' hatte schon seit 1774 ein eigenes Logengebäude, das ‚Vinonische Weinhaus' an der heutigen Ratsfreischulstraße", wie dem Freimaurerbuch zu entnehmen ist. „Die anderen beiden Logen, ‚Balduin' und ‚Apollo', arbeiteten zur Miete in wechselnden Räumen." Zum Beispiel eben im Goldenen Schiffe, aber auch in der Großen Feuerkugel am Neumarkt, in der sich 1776 die Loge „Balduin" gründete, trafen sich die Herren, ebenso wie in Richters Caffe Haus in der Katharinenstraße 23, in Hohmanns Hof in der Petersstraße, und im Martiusischen Gasthaus, dem späteren Hotel des Saxe, in der Klostergasse.

Nach „Minerva zu den drei Palmen" fand auch die Loge „Balduin" noch im selben Jahrhundert ein neues Zuhause: „1793 hatte Kaffeehausbesitzer und Balduin-Mitglied Georg Wilhelm Richter vor dem Barfußpförtchen (heute: Dittrichring, Areal des Schauspielhauses) das Gesellschaftshaus ,Place de Repos' erbaut, in welchem seine Loge über Jahre einen festen Versammlungsort fand", schreiben Hempel und Förster. „Die Freimaurerloge ,Balduin zur Linde' kaufte 1821 für 5.000 Taler ein altes Gebäude am Neukirchhof aus der Zeit des Franziskanerklosters."

Die Loge „Apollo" konnte ebenfalls in eine dauerhaftere Bleibe einziehen: Ihre Mitglieder trafen sich in den Jahren 1816 bis 1823 in Krafts Hof am Brühl „und ab 1823 für 24 Jahre in einem Hinterhaus des Plauenschen Hofes am Brühl".

In den folgenden Jahrzehnten und Jahrhunderten erlebte die Freimaurerei viele Höhen und Tiefen, immer wieder wurde sie verboten, immer wieder trafen ihre Mitglieder erneut zusammen. Und so sind sie heute noch aktiv und verfolgen ihre Ziele, die einst die Gründungsväter definierten: Freiheit, Gleichheit, Brüderlichkeit, Toleranz und Humanität.

Und diese Werte entschieden zu vertreten und nach ihnen zu streben, hat, wie man meinen sollte, gerade in der heutigen Zeit wieder enorme Wichtigkeit bekommen.

Eva-Maria Bast

So geht's zum goldenen Schiff:

Die Tafel mit dem goldenen Schiff hängt am Gebäude Kleine Fleischergasse 4, neben dem Coffe Baum.

Die Trockenmauer im Richard-Wagner-Hain.

13

Trockenmauer
Der lange Weg zu einem Wagner-Denkmal

Dass am östlichen Ufer des Elsterflutbeckens einmal eine riesige Gedenkstätte für den Komponisten Richard Wagner (1813-1883) entstehen sollte, lässt sich im 21. Jahrhundert kaum noch nachvollziehen. Es braucht schon einen Wagner-Experten wie Thomas Krakow und seine Erklärungen, um zu verstehen, was es mit dem Richard-Wagner-Hain auf sich hat und warum eine kniehohe Mauer aus großen Steinquadern ein ganz be-sonderes Relikt ist.

„Dabei handelt es sich um einen der letzten Reste, die uns von der beeindruckenden Gartenanlage, die sich hier einst befand, geblieben sind", sagt der Historiker, der sich als Vorsitzender des städtischen Richard-Wagner-Verbands hervorragend mit dem Thema auskennt. „Leipzig spielte in Wagners Leben eine sehr ambivalente Rolle. Die Stadt hat ihm zwar viel gegeben, ihm aber nur wenige Chancen eingeräumt, ihr etwas zurückzugeben", erklärt er. Und das galt nicht nur zu Wagners Lebzeiten, sondern auch darüber hinaus.

Wagner wurde im Jahr der Völkerschlacht am 22. Mai 1813 als Sohn des Polizeibeamten Carl Friedrich Wagner (1770-1813) in Leipzig geboren. Einen Großteil seiner Kindheit verbrachte er aber in Dresden, wohin die Mutter nach dem Tod ihres Mannes gezogen war. Erst mit 14 Jahren kam Richard endgültig zurück nach Leipzig. „Als Jugendlicher befand er sich gerade in einer sehr prägenden Phase seines Lebens. Es war in jenen Jahren, dass er seine Begeisterung für Musik entwickelte", erklärt Thomas Krakow. Der Schuljunge verbrachte seine Zeit lieber mit Komponieren als mit dem Unterricht. Die Entscheidung, Komponist zu werden und eine musikalische Ausbildung anzustreben, traf der junge Mann, nachdem er in Leipzig oft Ludwig van Beethoven (1770-1827) gehört hatte und von der revolutionären Stimmung angesteckt worden war. Dass er diesen Plan verfolgen konnte, war eine der vielen glücklichen Fügungen in seinem Leben, die er seiner Geburtsstadt zu verdanken hatte. „Für einen Sohn aus dermaßen bescheidenen Verhältnissen war es fast ein Wunder, dass er kostenfrei bei Gewandhausmusikern praktische Musikausbildung und gleichzeitig Kompositionsunterricht beim Thomaskantor Christian Theodor Weinlig nehmen konnte", ordnet der Wagner-Experte die Ausbildung ein.

Doch was so vielversprechend anfing, endete in Frust und Enttäuschung. Denn Richard Wagner gelang es nicht, sich in der Stadt als Opernkomponist zu etablieren. „1834 hat er Leipzig endgültig verlassen, weil er schlichtweg keine Anstellung fand. Auch später fielen seine Werke bei den Leipzigern nicht auf fruchtbaren Boden, sondern stießen auf Ablehnung", erklärt Krakow. Während der Komponist außerhalb der Grenzen seiner Geburtsstadt immer erfolgreicher wurde, verwehrte sie ihm die Anerkennung. „Die Leipziger waren damals sehr konservativ. Mit den verrückten Ideen von Wagner konnten sie nichts anfangen", erklärt der Experte. Die Oper im Allgemeinen genoss wenig Renommee, und die Inszenierungen von Wagners Werken erst recht nicht. In den 1860er-Jahren schrieb er sogar an die Operndirektion, sie möge doch bitte von weiteren Inszenierungen seiner Stücke absehen, um seinen Ruf in der Stadt nicht noch weiter zu beschädigen.

Es dauerte mehrere Jahrzehnte, bis Wagner in Leipzig der Durchbruch gelang. Nachdem er 1869 mit *Rienzi* einen ersten Erfolg feiern konnte, erfüllte ihm *Der Ring des Nibelungen* in seiner ersten Aufführung außerhalb von Bayreuth 1878 endlich den Traum von Anerkennung und Würdigung in der Heimatstadt. Dieser und weitere Erfolge hallten lange nach, sodass die Begeisterung für den mittlerweile berühmten gebürtigen Leipziger bis zu seinem Tod nicht mehr abebbte und auch darüber hinaus andauerte.

„Nachdem er gestorben war, fand ein großes Konzert im Neuen Theater statt, und es war sofort der Wille da, ihm ein Denkmal zu setzen", erklärt Thomas Krakow. Allein, der Plan stand unter keinem guten Stern. „Das ging schon damit los, dass drei Jahre nach seinem Tod sein Geburtshaus abgerissen wurde. Und als sich 1913 sein Geburtstag zum 100. Mal jährte, konnte die Stadt immer noch kein Denkmal einweihen", beschreibt er

> *„Für einen Sohn aus dermaßen bescheidenen Verhältnissen war es fast ein Wunder, dass er kostenfrei bei Gewandhausmusikern praktische Musikausbildung und gleichzeitig Kompositionsunterricht beim Thomaskantor Christian Theodor Weinlig nehmen konnte."*

die missliche Lage. Zwar hätten aus diesem Anlass viele Aufführungen stattgefunden, doch einen Ort, an dem des berühmten Sohns der Stadt hätte gedacht werden können, gab es nicht. In der Not wurden im Jubiläumsjahr der Theaterplatz in Richard-Wagner-Platz und die Parkstraße in Richard-Wagner-Straße umbenannt. Aber mehr war nicht drin. „Am 22. Mai wurde zwar der Grundstein für eine entsprechende Gedenkstätte gelegt, aber der Erste Weltkrieg und der Tod des Bildhauers Max Klinger kamen dazwischen und vereitelten die Pläne", sagt Krakow über die Umstände zur Zeit von Richard Wagners 100. Geburtstag.

Die Stadt würdigte Wagner zu sämtlichen Jubiläen zwar sehr wohl nach ihren Möglichkeiten. Doch ein Werk des Gedenkens gab es nicht. Konkreter wurde da schon der zweite Versuch, den die Stadt Ende der 1920er-Jahre startete. Und hier kommt nun die Trockenmauer am Elsterflutbecken ins Spiel. Denn nachdem man sich darauf geeinigt hatte, den Musiker nicht mit einer plastischen Figur zu würdigen, war es Carl Goerdeler (1884-1945), seines Zeichens seit 1930 Oberbürgermeister und großer Wagner-Fan, der der Debatte neues Leben einhauchte. „Er war der Überzeugung, dass sich die ungestalteten Uferzonen östlich und westlich des neuen Elsterflutbeckens hervorragend dafür eigneten, einen Ort zu schaffen, wo die Leipziger beim Spazierengehen eines ihrer bedeutendsten Söhne gedenken konnten", erklärt der Vorsitzende des Leipziger Richard-Wagner-Verbands. Zum 50. Todestag im Jahr 1933 schrieb die Stadt einen Ideenwettbewerb für das „Richard-Wagner-Denkmal" aus, der bei Künstlern auf reges Interesse stieß: Mehr als 650 Vorschläge gingen ein.

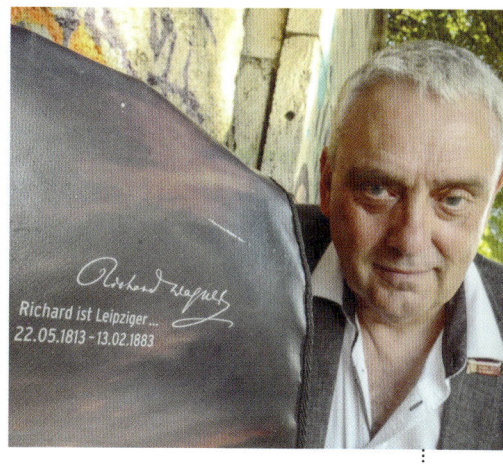

Thomas Krakow ist Experte für Richard Wagner in Leipzig.

Den Sieg trug der Entwurf des Bildhauers Emil Hipp (1893-1965) davon. Das Denkmal sollte aus einem Quadrat aus zehn Meter breiten und vier Meter hohen Friesen bestehen und die vier Grundkategorien der Weltsicht Wagners – Schicksal, Mythos, Erlösung und Bacchanal beziehungsweise Liebe – zeigen. Landschaftsarchitekt Gustav Allinger (1891-1974) sollte Pläne für die Parkanlage auf dem 150 Meter langen und 80 Meter breiten Areal beisteuern. Angedacht war eine terrassenartige Anlage. An ihrem nördlichen Ende sollte das Denkmal zu stehen kommen, am südlichen eine erhöht gelegene offene Gartenhalle. Zwischen beiden erstreckte sich die 225 Meter lange Trockenmauer, die das Gelände befestigen sollte und deren kläglicher Rest heute noch an Ort und Stelle zu sehen ist. „Das alles stellte Leipzig von Anfang an vor unlösbare Probleme", sagt Thomas Krakow. „Die Stadt war nach der Weltwirtschaftskrise pleite und konnte sich genau genommen noch nicht einmal die Ausschreibung leisten. Doch dann bekam sie Schützenhilfe, mit der sie nicht gerechnet hatte: Bei einem Besuch Adolf Hitlers stellte sich heraus, dass dieser glühender Wagner-Verehrer war."

Nach einem Besuch in der Berliner Reichskanzlei waren die Leipziger ihre Geldsorgen in Sachen Wagner-Denkmal los. Die nun angelegten Dimensionen kamen nicht von ungefähr: Das Denkmal war dafür gedacht, etwas Überwältigendes auszustrahlen und beim Betrachter Ehrfurcht zu wecken vor dem Genie Richard Wagners, den man zu dieser Zeit auch den „deutschesten aller Komponisten" nannte. Als am 6. März 1934 die feierliche Grundsteinlegung am Elsterflutbecken stattfand, war der damalige „Führer und Reichskanzler" mit dabei. Doch es gelang nicht, das Denkmal in den verbleibenden Jahren der Herrschaft des Nationalsozialisten zu einem Ende zu bringen. „Die Arbeiten an der Gartenanlage waren zwar Ende 1937 abgeschlossen, sodass man ein Jahr später zu Wagners 125. Geburtstag ein Denkmal hätte hineinsetzen können. Aber zu diesem Zeitpunkt war noch längst nicht daran zu denken.

> *„Die Arbeiten an der Gartenanlage waren zwar Ende 1937 abgeschlossen, sodass man ein Jahr später zu Wagners 125. Geburtstag ein Denkmal hätte hineinsetzen können. Aber zu diesem Zeitpunkt war noch längst nicht daran zu denken."*

Hipp arbeitete zwar in seiner Werkstatt in Kiefersfelden an dem Projekt, aber er bekam nur sporadisch Marmor zur Verfügung gestellt. Dadurch stockten die Arbeiten immer wieder", erzählt Thomas Krakow, wie es mit dem Denkmal weiterging. Im Grunde sei bis zum Herbst 1944 alles bis auf die geplante Brunnenschale fertiggestellt worden.

Dann ergab sich allerdings das nächste Problem: Wie sollten die Einzelteile des Denkmals mitten im Zweiten Weltkrieg unbehelligt von Bayern nach Leipzig gebracht werden? Mit kriegsbedingt zerstörten Straßen und Gleisen sowie fehlenden Transportfahrzeugen ein Ding der Unmöglichkeit! Also blieben die vorbereiteten Einzelteile der Gedenkstätte in Kiefersfelden am Bahnhof liegen. Die 250 Tonnen

Marmor waren verarbeitet, 3,6 Millionen Reichsmark waren bezahlt, doch das Denkmal blieb unfertig.

Thomas Krakow weiß, dass sich daran nichts mehr änderte. „Hipp hat durchaus versucht, die Teile an ihren Bestimmungsort zu bringen. Aber es ist ihm nicht gelungen, erst recht nicht nach dem Zweiten Weltkrieg. Die nach dem Krieg in Leipzig herrschenden Kommunisten hatten kein Interesse daran, ein aus ihrer Sicht belastetes Denkmal zu übernehmen." Anfang der 1950er-Jahre überließ Leipzig der „Marmor Kiefer AG" die Kunstwerke, die längst von Unkraut überwuchert waren, als Ausgleich für die zwischenzeitlich angefallenen Lagerkosten. Der zentrale Block wurde versteigert, außerdem kauften Verwandte Hipps und andere Interessierte Stück für Stück die einzelnen Elemente auf, sodass sich die meisten von ihnen noch heute in Privatbesitz befinden.

Es dauerte bis 1983, bis Leipzig sein erstes offizielles Richard-Wagner-Denkmal in Form einer Büste am Schwanenteich (siehe Geheimnis 10) erhielt. Eine vollplastische Skulptur kam 30 Jahre später dazu, und zwar an dem Standort, für den Klinger bereits Anfang des 20. Jahrhunderts seine Version geplant hatte. In den Grünanlagen des Goerdelerrings ist der junge Wagner mit roter Schleife und blauem Rock auf Klingers Marmorsockel zu sehen. Dahinter erhebt sich sein älteres „Ich" als schwarzer Schatten, um sein großes Lebenswerk zu symbolisieren. „Das passt hervorragend dazu, dass die Beziehung zwischen Wagner und seiner Geburtsstadt immer wieder von großen Schatten überlagert war", bringt Thomas Krakow die lange Geschichte der Wagner-Denkmale in Leipzig auf den Punkt.

Heike Thissen

....
So geht's zur Trockenmauer:

Die Trockenmauer, die an die Pläne im Richard-Wagner-Hain erinnert, steht am Ostufer des Elsterflutbeckens.

Das R am Giebel kündet vom unternehmerischen Gespür des einstigen Besitzers.

14

Literatur to go

Groß und stolz prangt es, inmitten eines aufwendig gearbei-
teten Reliefs, am Giebel: *R*. Und es hat auch jedes Recht auf
diese prunkvolle Darstellung. Denn der, für den dieser
Buchstabe steht, hat Großes, sehr Großes, geschaffen. Und
jedem, der seinen Namen hört, erscheint gleich ein leuchtendes Gelb
vor dem inneren Auge. Reclam. Philipp Reclam. „Fast noch spannender als das *R* finde ich aber die Supraporte über dem Haupteingang",
sagt Sabine Knopf, die über die *Buchstadt Leipzig* publiziert und sich
deshalb auch mit der Familie Reclam beschäftigt hat. Sie geht ein paar
Meter weiter und deutet auf ein halbrundes Relief, auf dem glückliche
lesende Menschen unter hohen Bäumen zu sehen sind. „Bildung für
alle. Philipp Reclam wollte den Lesestoff in alle Volksschichten tra-

gen." Rechts und links des Reliefs befinden sich Medaillons, auf dem linken ist ein Mann mit Druckerpresse bei der Arbeit dargestellt, das rechte zeigt Merkur mit einem Stapel Bücher.

Den Grundstein für dieses Imperium legte der aus einer Hugenottenfamilie aus Savoyen stammende Anton Philipp Reclam (1807-1896) 1828 in der Grimmaischen Straße 2, als er am 1. Oktober seinen „Verlag des Literarischen Museums" gründete. „Die Grimmaische Straße war damals der Broadway des deutschen Buchhandels, wie man so gesagt hat in Leipzig." Im Laufe der Zeit, erläutert Sabine Knopf weiter, hätten sich immer mehr Verlage im Osten der Stadt angesiedelt. Anton Philipp Reclam, der sich als Sohn von Karl Heinrich Reclam zur besseren Unterscheidung Reclam jun. nannte, kaufte dort 1839 die Haacksche Druckerei. Der Verlag selbst hatte seinen Sitz noch lange in der Innenstadt.

Die 1844 ins Leben gerufene preisgünstige „Wohlfeile Unterhaltungsbibliothek für die gebildete Lesewelt" umfasste vier Jahre später schon 61 Bändchen und wurde ständig erweitert. Zudem gelang Anton Philipp Reclam ein kluger Schachzug, der ihn mit einem Schlag weltberühmt machte: „Nur wenige Tage nach Ablauf der Gesetze zum Schutz der Klassikerrechte setzte er 1867, im Alter von 60 Jahren, mit seinem Sohn Hans Heinrich seine Idee von einer Bibliothek der Weltliteratur für jedermann um. Bildung und Wissen wurden durch Reclams Universalbibliothek nun selbst ärmeren Schichten durch den Erwerb der knapp kalkulierten Bände zu je zwei Silbergroschen ermöglicht", berichtet die Autorin. 20 Pfennige habe ein Reclam-Heft bis 1916 gekostet. „Und an den Bahnhöfen standen Bücherautomaten, aus denen man sich die Bücher herausholen konnte." Das sei eine Neuheit im Buchhandel gewesen.

„1886 wurde mit dem Bau eines größeren Druckereigebäudes an der Kreuzstraße 5-7 begonnen, das durch einen 65 m langen und 22 m hohen Anbau an der Inselstraße 22-24 für Verlag, Kontor und Lager verlängert wurde", schreibt Sabine Knopf in ihrem Buch.

All dieser Ruhm, all dieser Erfolg, vor allem aber auch die Liebe zur Literatur und die Grundidee, die Literatur einer breiten Volksschicht zugänglich zu machen, sollten sich natürlich am neu errichteten Verlagsgebäude widerspiegeln. „Bildhauer Adolf Lehnert wurde mit den plastischen Schmuckelementen beauftragt. Vor dem Zweiten Weltkrieg gab es sogar noch mehr Fassadenschmuck", fährt Sabine Knopf fort. „Die mythologischen Figurengruppen auf dem Dach wurden beim Bombenangriff zerstört."

Und auch nach dem Krieg mussten das Gebäude und vor allem der Verlag eine schwere Zeit durchmachen: „1946 erfolgte eine Demontage von Maschinen als Reparationsleistung für die UdSSR. Ernst Reclam, (1876-1953), der Enkel Anton Philipp Reclams, verließ 1950 Leipzig, sein Sohn Heinrich (1910-1984) hatte bereits 1947 in Stuttgart mit alten Beständen den Verlag Philipp Reclam jun. Stuttgart gegründet", schreibt Sabine Knopf. „Das Leipziger Haus wurde daraufhin unter Treuhandschaft gestellt und ab 1958 als Betrieb mit staatlicher Beteiligung geführt. [...] Zu DDR-Zeiten saß bis 1972 hier auch der Reclam-Verlag, der dann in die Nonnenstraße 38 zog, weil er dort mehr Platz hatte."

Sabine Knopf hat sich mit der Geschichte der Supraporte hinter ihr beschäftigt.

Nach dem Mauerfall fand 1992 eine Vereinigung der beiden Verlage in Ost und West statt. Das Gebäude wurde saniert und der Reclam-Verlag hielt wieder Einzug. „Allerdings nur bis 2006", präzisiert Sabine Knopf, „heute gibt es den Reclam Verlag nur noch in Ditzingen bei Stuttgart."

Im Dienste der Bildung steht das Gebäude im weitesten Sinne aber immer noch: „Es wird vom Max-Planck-Institut und vom MDR genutzt", sagt die Leipzigerin. Und irgendwie passt das in einer Zeit, in der Bücher längst schon nicht mehr das einzige Mittel sind, mit dem Menschen sich fortbilden können – Rundfunk, Fernsehen und die digitalen Medien spielen eine große Rolle, Reclam-Automaten am Bahnhof gehören der Vergangenheit an. Schade eigentlich,

„Und an den Bahnhöfen standen Bücherautomaten, aus denen man sich die Bücher herausholen konnte."

denn so wichtig Rundfunk und Fernsehen auch sind – das geschriebene Wort, auf Papier gedruckt, hat doch immer noch einen ganz eigenen Zauber. Und sich Reclam-Heftchen am Bahnhof ziehen zu können, das hätte schon was.

Auch wenn nur noch das Initial und die Supraporte von der großen Leipziger Vergangenheit des Verlags künden: In Ditzingen bei Stuttgart werden die knallgelben Klassiker in Heftchenform nach wie vor mit großem Erfolg produziert und erfüllen heute wie damals ihren Zweck: Literatur auch Menschen zu vermitteln, die nicht so viel Geld in der Tasche haben.

Und wie viele Schüler wohl dank Reclam besser durchs Abi gekommen sind?

Eva-Maria Bast

So geht's zum R:

Das R befindet sich am Giebel des Hauses Inselstraße 22 (Ecke Kreuzstraße). Die Reliefs kann man über dem Haupteingang entdecken.

HEIL- UND PFLEGEANSTALT LEIPZIG-DÖSEN 1933–1945
AB 1934 WURDEN HIER 604 MENSCHEN ZWANGSSTERILISIERT.
1939 BIS 1943 WURDEN HIER 624 KINDER IN DER 'KINDERFACHABTEILUNG' ERMORDET.
JUNI 1940 – AUG. 1941 WURDEN VON HIER AUS 880 BEHINDERTE MENSCHEN 'VERLEGT' UND
ERMORDET IN PIRNA-SONNENSTEIN – 'AKTION T 4'.

15

Stolperschwelle

Berührende Erinnerung an Euthanasie-Opfer

Diese längliche, in den Boden eingelassene Messingplatte soll zum Stolpern animieren – nicht im wörtlichen, sondern im übertragenen Sinn. Sie zwingt Fußgänger auf dem Gehsteig zum Innehalten und hält gleichzeitig die Erinnerung an die Menschen aufrecht, die im Nationalsozialismus genau hier in Leipzig-Dösen unendliches Leid erfahren haben. „Die Stolper*steine* des Künstlers Gunter Demnig sind mittlerweile vielen ein Begriff. Sie dienen dem individuellen Gedenken an einzelne Personen. Aber eine sogenannte Stolper*schwelle*, wie wir sie hier haben, erinnert an institutionelle Verbrechen", erklärt Henry Lewkowitz. Er ist der Geschäftsführer des Vereins Erich-Zeigner-Haus, der sich für Erinnerungskultur in Sachsen und Zivilcourage im öffentlichen Raum stark macht.

Im Gegensatz zu den wesentlich kleineren Stolper*steinen* bieten Stolper*schwellen* Platz, die Geschichte eines Ortes niederzuschreiben. In Dösen ist das eine verstörende, unvorstellbar grausame Geschichte. Auf der Messingplatte steht: *Heil- und Pflegeanstalt Leipzig-Dösen 1933-1945 / Ab 1934 wurden hier 604 Menschen zwangssterilisiert / 1939-1943 wurden hier 624 Kinder in der „Kinderfachabteilung" ermordet / Juni 1940-Aug. 1941 wurden von hier aus 860 Behinderte Menschen „verlegt" / Ermordet in Pirna-Sonnenstein – „Aktion T4".*

„2014 kamen mehrere körperlich und geistig behinderte Menschen auf unseren Verein zu, weil sie einen Stolperstein für den kleinen Arno König verlegen wollten, der von den Nationalsozialisten wegen seiner geistigen Behinderung ermordet worden war. Mir war das eine Herzensangelegenheit, weil sie ja die besten Sprecher in eigener Sache waren", beginnt Lewkowitz zu erzählen. Zusammen recherchierten sie das Schicksal des Connewitzers, der im Alter von vier Jahren angeblich an „Idiotie und Darmkatarrh" in der „Kinderfachabteilung" der „Heil-

---

Henry Lewkowitz war der Projektleiter und gehört zu den Initiatoren der Stolperschwelle in Leipzig-Dösen.

und Pflegeanstalt Leipzig-Dösen" gestorben war. Sie ließen den Stolperstein verlegen und nahmen dies zum Anstoß dazu, sich weiteren Recherchen zuzuwenden: dem Krankenhaus, das Arno nicht mehr lebend verlassen hatte.

„Wir haben schnell gemerkt, dass die Geschichte wahnsinnig umfangreich ist", erinnert sich der Philosoph und Historiker, „aber wir haben uns nicht abschrecken lassen. Wir haben uns mit Historikern getroffen, die dazu geforscht hatten, weil wir unbedingt ein sicheres Fundament haben wollten. Die Ergebnisse unserer Recherchen sollten unangreifbar sein." Lewkowitz und seine Mitstreiter begannen beim bisherigen Forschungsstand, nach dem mindestens 551 Kinder in der „Heil- und Pflegeanstalt" umgekommen waren, und nannten ihr Projekt deshalb „551 Plus". Es wurde aber schnell klar, dass diese Opferzahlen nicht alle berücksichtigten. „Wir erfuhren von höheren Zahlen und anderen Opfergruppen, sodass wir mit der Stolperschwelle nicht nur der Toten der Kinder-Euthanasie des Nationalsozialismus gedenken wollten, sondern aller, denen hier Unrecht widerfahren ist", erklärt er. Die „Kinderfachabteilung" in Leipzig-Dösen wurde im Oktober 1940 auf Initiative des Kinderarztes Werner Catel eingerichtet. Der ebenso banale wie menschenverachtende Grund: In der Universitätskinderklinik fehlte es an Betten für das Euthanasie-Programm, das nach dem Zweiten Weltkrieg als „Aktion T4" in die Geschichte einging. Benannt nach der Zentraldienststelle in der Berliner Tiergartenstraße 4 verfolgte dieses Programm die systematische Ermordung von „lebensunwertem Leben", wie es im Jargon der Nationalsozialisten hieß. Gemeint waren damit Menschen mit körperlichen, geistigen und seelischen Behinderungen. „Kinderfachabteilung" war eine von vielen verschleiernden Begrifflichkeiten, die über den wahren Zweck der Einrichtung hinwegtäuschen sollten. In Dösen sorgte Abteilungsleiter Arthur Mittag (1906-1946) für die Umsetzung der Vorgaben aus Berlin und veranlasste bis Dezember 1943 die gezielte Tötung von 624 Kindern und Jugendlichen. „Dabei kam meist das Schlafmittel Luminal zum Einsatz, das bei einer Überdosierung zu einem langsamen Tod führt", erklärt der Historiker. In den Akten finden sich jedoch nur wenige Anhaltspunkte zur tatsächlichen Tötung, weil die Opfer unter anderem an Organversagen starben.

1934 bis 1939 waren bereits 604 Patienten zwangssterilisiert und 860 behinderte Menschen in andere Anstalten deportiert worden. „Das sind die Zahlen, die wir für die Stolperschwelle verwendet haben, die sind gesichert. Aber das sind lediglich Mindestopferzahlen, die wir in den kommenden Jahren mit Sicherheit noch nach oben korrigieren müssen, wenn das gesamte Recherchematerial , auf dem teilweise noch Schutzfristen existieren, ausgewertet ist", erklärt Henry Lewkowitz die Bedeutung hinter den Ziffern.

Die Stolperschwelle liegt im Bürgersteig gegenüber vom Eingang zur ehemaligen „Heilanstalt", wo sie eigentlich hingehört. Sie befindet sich im Bürgersteig gegenüber, um Streitigkeiten mit dem Betreiber der heutigen Klinik zu vermeiden. Inzwischen steht fest, dass die Messingplatte in Dösen zwar die erste, aber nicht die letzte ihrer Art ist. „In Sachsen gab es ein enges Netz an vergleichbaren Heil- und Pflegeanstalten", hat der Historiker bei seinen Recherchen herausgefunden. „Die Euthanasie in Deutschland während des Dritten Reiches ging stark vom Freistaat aus. Man kann fast von einem sächsischen Sonderweg sprechen, was dieses Thema angeht. Hier waren die Verantwortlichen in Politik, Verwaltung und Ärzteschaft von besonderer Radikalität, und nicht ohne Grund fand der erste systematische Kindsmord in Leipzig statt." An dieses unrühmliche Kapitel in der Geschichte der Stadt erinnert seit 2016 die Stolperschwelle in Dösen. Und sie ist nicht mehr allein in Leipzig: 2017 wurde eine weitere vor einem Lebensbornheim verlegt, 2018 eine vor der Universitätsklinik.

Heike Thissen

....

So geht's zur Stolperschwelle:

Die Stolperschwelle, die an die „Heil- und Pflegeanstalt Leipzig-Dösen" erinnert, befindet sich gegenüber dem Eingang des ehemaligen Park-Krankenhauses in der Chemnitzer Straße.

Das Alte Rathaus hat einen Knick in der Fassade. Das ist aber kein Zeichen von Pfusch am Bau!

16

Fassadenknick

Warum das Alte Rathaus nicht ganz gerade ist

M an muss schon ganz genau hinsehen, um diese architektonische Besonderheit des Alten Rathauses am Markt zu bemerken. Wer die Fassade des prächtigen Renaissancebaus mit dem versetzten Turm von vorne bewundert, kommt dem Geheimnis nicht auf die Spur. Dazu müssen Neugierige nah herantreten und am besten von der Grimmaischen Straße Richtung Rathausturm schauen. Und dann sehen sie es deutlich: Die Front hat tatsächlich einen leichten Knick!

Doch wie kann es sein, dass der schönste Profanbau der Stadt einen so offensichtlichen Makel hat? Buchautor Bernd Weinkauf kennt die nüchterne Erklärung: „Das liegt daran, dass das Gebäude auf den Fundamenten von mehreren älteren errichtet wurde." Das erste Rathaus

Leipzigs befand sich zwar an dem Platz des Alten Rathauses, allerdings in anderer Anordnung. Es war ein gotischer Bau, der mit dem Giebel zum Markt stand. Dadurch war – anders als heute – zwischen Rathaus und Grimmaischer Straße noch Raum für einen weiteren Bau, nämlich das Haus der Tuchmacher. „Nachdem nun die Stadt nach der Michelismesse, vermutlich im Oktober 1555, dieses Haus im Tausch von der Tuchmacherinnung erworben hatte, konnte sie mit dem Abbruch des Rathauses und der beiden benachbarten Gebäude beginnen", erzählt Weinkauf die Baugeschichte weiter. Er

> *„Da es in Leipzig, das nicht auf Felsen steht, besonders aufwendig und damit teuer ist, Fundamente und Keller anzulegen, wurden die bereits vorhandenen weiter genutzt."*

ergänzt: „Da es in Leipzig, das nicht auf Felsen steht, besonders aufwendig und damit teuer ist, Fundamente und Keller anzulegen, wurden die bereits vorhandenen weiter genutzt. Weil das Tuchmacherhaus nicht exakt in der Flucht des Rathauses stand, ergab sich dabei der noch heute sichtbare Knick in der Fassade."

Sein heutiges Aussehen erhielt das Alte Rathaus dann knapp 100 Jahre später bei einem grundlegenden Umbau. Die Handwerker konnten das Gebäude im Jahr 1556 in einer Rekordzeit von gerade einmal neun Monaten erstellen. Vielleicht erklärt auch die Doppelrolle des Auftraggebers das hohe Tempo: Hieronymus Lotter (1497-1580) war nicht nur Baumeister, sondern damals auch Bürgermeister der Stadt.

Zunächst störte sich niemand an der abgewinkelten Front. „Der Fassadenknick wurde nicht wahrgenommen, weil die Schönheit des Gesamtbaus bestechend war. Aber dann traten irgendwann die Beckmesser und Meckerer auf den Plan und monierten die *Fehlleistung*", berichtet Bernd Weinkauf. Als aufmerksamen Beobachtern später der Fassadenknick auffiel, spotteten sie gerne über die vermeintlich unsaubere Bauweise. „Nun hat man schnell und ungerecht aus dem Namen *Lotter* in sächsischer Umlautung *Lodder* gemacht. Die *Lodderwirtschaft* war ein böser Vorwurf", sagt der Stadtkenner. Dabei hatten sich Architekt und Handwerker nur an den damals üblichen Standard gehalten, der auch ohne exakte Baupläne Meisterleistungen ermöglichte. „Anders als heute wurden im Spätmittelalter keine ausführlichen Bauzeichnungen gefertigt, höchstens einmal eine Skizze von einer komplizierten Ecke", weiß Weinkauf.

Später haben die Leipziger den Knick in der Rathausfront gerne mit einer amourösen Anekdote um August den Starken (1670-1733) erklärt. Bernd Weinkauf kennt die Geschichte: Der Landesvater soll während der Messe wie immer im Königshaus logiert haben, aber seine Mätresse, die Gräfin Anna Constantia von Cosel (1680-1765), sei in der „Waage" an der gegenüberliegenden Marktseite untergebracht gewesen. Damit sie sich zum Gutenachtsagen noch einmal zuwinken konnten, habe der Baumeister die Order erhalten, die dabei störende Rathausecke etwas abzuwinkeln. Eine schöne Geschichte, aber leider passt sie nicht zu den Lebensdaten der Verliebten: „Das Rathaus war zu dieser Zeit schon fast 200 Jahre alt", sagt Bernd Weinkauf. Und er schmunzelt: „Ein Leipziger, der diese Geschichte einmal so erzählte und auf diese Unstimmigkeit hingewiesen wurde, konterte messestädtisch gelassen: ‚Ach, das dürfen Sie alles nicht so verbissen sehen!' " Es ist eben nichts perfekt, auch das Alte Rathaus nicht.

> *„Nun hat man schnell und ungerecht aus dem Namen ‚Lotter' in sächsischer Umlautung ‚Lodder' gemacht. Die ‚Lodderwirtschaft' war ein böser Vorwurf."*

Heike Thissen

···

So geht's zum Fassadenknick:

Der Knick in der Fassade des Alten Rathauses ist von der Grimmaischen Straße aus am besten zu sehen.

Auf einem Spielplatz im Rosental sitzt dieser Betonelefant. Und das seit mehr als 50 Jahren.

17

Betonelefant

Bedeutender Platz für Klein und Groß

Es gehört zum Berufsbild vieler Landschaftsarchitekten, dass sie sich gut mit Spielplätzen auskennen. Dass sich jemand aber ganz gezielt ausgerechnet mit Rutschen, Wippen und Klettergerüsten aus DDR-Zeiten beschäftigt, ist dann doch etwas Besonderes. Dabei gibt es für Peter Fibich kaum ein spannenderes Thema. „Ich beschäftige mich seit Jahren mit der Geschichte meines eigenen Berufsstandes in Ostdeutschland", sagt der Landschaftsarchitekt und Autor, „und da gehören die Spielplätze ganz selbstverständlich dazu." Besonders angetan hat es ihm ein Exemplar am Rand des Rosentals, und das liegt unter anderem an einem ganz besonderen Spielgerät: einem Elefanten aus Beton. Mit seiner Begeisterung ist Fibich nicht allein, denn kaum ein Tag im Jahr vergeht, an dem nicht Dutzende von jungen Leipzigern kreischend und juchzend den Rüssel des Tieres hinabrutschen.

„Ich nehme an, dass der Elefant aus der Mitte der 1960er-Jahre stammt", erklärt Fibich. Es handle sich bei dem Tier um eine sehr gelungene Lösung, deren Prototyp 1962 von den Künstlern Vinzenz Wanitschke, Johannes Peschel und Egmar Ponndorf aus der Dresdner Produktionsgenossenschaft Kunst am Bau entworfen wurde. Und die war mit ihrer baubezogenen Kunst eine DDR-weit gefragte Institution.

In Serie wurde das Tier ab 1965 als „Rüsselrutsche" produziert und im ganzen Land auf Spielplätzen aufgestellt. Heute sind jedoch nur noch einige wenige erhalten – einer davon im Rosental. Die Kinder können den Rüssel des Elefanten hinabrutschen, in seine Ohren kriechen, sich unter ihm verstecken und an seinen bronzenen Stoßzähnen hangeln.

„Dass in der zweiten Hälfte des 20. Jahrhunderts immer mehr Spielplätze entstanden, war der typischen Entwicklung einer industrialisierten und motorisierten Stadt geschuldet: Es wurde für die Kinder damals schlichtweg zu gefährlich, weiterhin auf den Straßen zu spielen, so wie es Generationen vor ihnen getan hatten. Da stellte die DDR keine Ausnahme dar", erklärt Fibich die Entwicklung. Also seien die Lage und die Verteilung von Spielplätzen mit zu den wichtigsten Aspekten in der Stadtplanung geworden. Spielplätze waren in der DDR überwiegend uniform, Überraschungen selten. Außerdem sollte das Individuelle hinter dem Gemeinschaftlichen zurücktreten, wenn nicht ganz verschwinden.

Landschaftsarchitekt Peter Fibich kennt sich mit DDR-Spielplätzen aus.

„Also wurden Typenprojekte für ganze Spielplätze entwickelt, die universell einsetzbar waren", fasst er zusammen.

Schon seit 1870 spielt der Leipziger Nachwuchs im Schatten der Bäume an der Großen Wiese (siehe Geheimnis 46). Das verdankt er der Frau, die dem Platz auch zu seinem offiziellen Namen verholfen hat: Louise Otto-Peters (1818-1895). Sie war sowohl die Gründerin der ersten deutschen Frauenzeitung als auch der ersten Leipziger Mädchenschule und des ersten deutschen Frauenvereins. Zusammen mit anderen Frauen sorgte sie 1870 dafür, dass hier der erste öffentliche Kinderspielplatz in Leipzig entstand. Mehr als einfache Holzspielgeräte wie etwa eine Balancierstange haben dort vermutlich nicht gestanden. Dieser erste Spielplatz war nur eine kreisförmige Fläche mit einem Durchmesser von rund 52 Metern. In der Mitte standen zunächst eine Eiche und um sie herum Ulmen, später wurden 44 Sommerlinden in zwei Kreisen gepflanzt, von denen noch 26 erhalten sind.

Die Schriftstellerin, Publizistin und überzeugte Demokratin gilt bis heute als eine der wichtigsten Vertreterinnen in der Geschichte der deutschen Frauenrechtsbewegung. In Leipzig traf sie in den 1860er-Jahren auf gleichgesinnte Frauen wie die Lehrerin Auguste Schmidt (1833-1902), die Erzieherin Henriette Goldschmidt (1825-1920) oder die Schulleiterin Ottilie von Steyber (1804-1870). Zusammen machten sie sich fortan für die Emanzipation stark und kämpften dafür, dass Frauen eine Stimme in der Politik erhalten. 1865 gründeten sie erst einen Frauenbildungsverein, der Hilfe zur Selbsthilfe bot, und dann den Allgemeinen Deutschen Frauenverein. Ihre wichtigste Forderung bestand in einem Recht der Frauen auf gleiche Bildung und Chancengleichheit am Arbeitsmarkt. Noch heute gilt jene Gründung im Oktober 1865 als der Beginn der organisierten Frauenbewegung in Deutschland. An Louise Otto-Peters und ihre Verdienste erinnert ein Denkmal unweit des Betonelefanten, das fünf Jahre nach ihrem Tod von Frauen aus dem gesamten Deutschen Reich finanziert wurde.

„Mittlerweile gibt es in Leipzig mehr als 300 Spielplätze", fasst Landschaftsarchitekt Peter Fibich zusammen, „doch der allererste am Louise-Otto-Peters-Platz mit seinem Betonelefanten ist und bleibt einmalig." Da ist er sich mit den begeisterten Kindern einig.

Heike Thissen

So geht's zum Betonelefanten:

Der Betonelefant steht auf dem Louise-Otto-Peters-Platz zwischen Zöllnerweg und der Großen Wiese im Rosental.

Dr. Markus Zepf ist von der Geschichte dieses Denkmals beeindruckt.

Bach-Denkmal

Erinnerung an einen großen Komponisten

I n dieser Ecke Leipzigs herrscht reges Treiben. Besucher strömen in die Thomaskirche, auf dem Dittrichring drängeln sich hupende Autos, quietschen die Straßenbahnen, Menschen steigen ein und aus, eilen hin und her – auch durch den kleinen Park schräg gegenüber der Thomaskirche. „Hier ist viel Leben und viel Hektik", sagt Dr. Markus Zepf, wissenschaftlicher Mitarbeiter des Bach-Archivs. In diese Hektik geriet er, als er das erste Mal nach Leipzig kam. Und so ist es zu erklären, dass er, obwohl Bach-Spezialist, das Bach-Denkmal bei diesem seinem ersten Besuch – seit 2016 lebt er in der Stadt – einfach übersah. „Das geht vielen so", hat er beobachtet.

„Dadurch, dass der Sandstein dieses helle Grau hat und von großen Bäumen umgeben ist, nimmt man das Denkmal auf den ersten Blick kaum wahr."

Zepf findet die Kunstfertigkeit des Denkmals beeindruckend und die Darstellungen ausgesprochen interessant. Vier sind es, eine auf jeder Seite des quadratischen, häuschenartigen Kapitells, Richtung Norden Johann Sebastian Bach (1685-1750) – ein Porträt, das nach dem berühmten Gemälde Elias Gottlob Haußmanns von Hermann Knauer (1811-1872) gefertigt wurde. Knaben mit einem Engel, der ihnen das Singen beibringt, gen Westen – eine Allegorie auf Bach, den Kantor der Thomasschule. Zwei Engel mit einem Kreuz, einem Palmzweig, einem Kelch und einer Dornenkrone nach Süden – „das soll den Komponisten geistlicher Werke, vor allem der beiden großen Passionen, symbolisieren", sagt Markus Zepf. Und schließlich, nach Osten, ein Orgel spielender Engel, der nach oben blickt, während ein Kind den Orgelbalg bedient. „Für mich ist diese Darstellung mehrdeutig", erklärt der Bach-Forscher. „Es kann eine Allegorie auf die musica sacra, die göttliche Musik insgesamt sein, denn die heilige Cäcilia wird in der christlichen Kunst mit einer Orgel dargestellt. Da mit dem Denkmal aber die historische Person Bach geehrt wird und der Engel auf zwei Manualen und Pedal spielt, wird dies meist als eine Allegorie auf den Orgelvirtuosen Bach interpretiert. Aber ich denke, es ist bewusst so offengehalten, um dem Betrachter verschiedene Sichtweisen und Interpretationsmöglichkeiten zu geben."

Annette Menting schreibt dazu in *Reclams Städteführer Leipzig*: „Der Maler Eduard Bendemann, sein Schwager Julius Hübner und der Bildhauer Ernst Rietschel schufen ein Denkmal in Tabernakelform aus Elbsandstein, das neben der Büste Bachs auf drei verschiedenen Reliefs Bach als Komponisten, Orgelspieler und Lehrer darstellt."

„Dieses älteste Bach-Denkmal hat Felix Mendelssohn Bartholdy initiiert und im Jahr 1843 gestiftet", sagt der Bach-Experte. „Er war seit 1835 Kapellmeister am hiesigen Gewandhaus und hatte sich schon seit frühester Kindheit mit Bachs Musik beschäftigt. Mit der Aufführung der Matthäuspassion 1829 wird er heute als *Wiederentdecker* des Thomaskantors gefeiert, aber Bachs geistliche Werke hatten in Berlin durchaus eine längere Aufführungstradition. Mendelssohn Bartholdy war es wichtig, dass Bach nicht vergessen und ihm neben der Musik auch ein materielles Denkmal gesetzt wird." In seinen Leipziger Jahren unternahm er daher viele Anstrengungen, um Geld für ein Bach-Denkmal zu sammeln. 1840 gab er ein zweistündiges Orgelkonzert in der Thomaskirche, in dem er neben zwei Improvisationen ausschließlich Werke von Bach spielte. Neben dem Erlös aus diesem und zwei weiteren Konzerten habe er aus seinem privaten Vermögen noch Geld für das Denkmal gegeben.

Als Mendelssohn Bartholdy (1809-1847) das Denkmal aufstellen ließ, war Bachs erste Begegnung mit Leipzig mindestens 126 Jahre her. „Das wird spätestens 1717 gewesen sein", sagt Zepf. „Damals wurde er eingeladen, die neue Orgel in der Universitätskirche St. Pauli zu prüfen." Man darf sich das aber nicht so vorstellen, dass Bach bequem anreiste und gemütlich Orgel spielte, nein, der Mann war gerade der Haft entronnen! „Er war ja in Weimar wegen ‚halsstarriger Bezeugung', wie es im Protokoll heißt, inhaftiert gewesen, weil er seinen Wechsel vom Weimarer an den Köthener Hof erzwingen wollte", sagt Zepf.

Das älteste Bach-Denkmal überzeugt mit Detailverliebtheit und Kunstfertigkeit.

Nach vier Wochen Arrest in der Landrichterstube kam Bach frei und verließ die Stadt der Dichter und Denker. „Am 16. und 17. Dezember hat er hier die Orgelprüfung vollzogen – in der bitterkalten Kirche. Am 18. Dezember wurden ihm sein Honorar und seine Spesen ausgehändigt, er hat quittiert und ist vermutlich in Richtung Köthen weitergezogen", sagt Zepf.

Ob Bach in der folgenden Zeit Kontakte nach Leipzig hielt, sei unbekannt. „Tatsache ist, dass er sich 1722 als Thomaskantor und Städtischer Musikdirektor beworben hat." Im Februar 1723 führte er hier seine Probemusiken auf. Beim Stadtrat hinterließ er mit seiner Musik einen guten Eindruck; im Frühjahr wurde er zum Thomaskantor beziehungsweise „Kantor an der

Schule St. Thomae zu Leipzig" gewählt. „Seine Leipziger Zeit war die längste, die er je an einem Ort verbracht hat, nämlich 27 Jahre bis zu seinem Tod 1750." Bevor Bach nach Leipzig kam, hatte er an verschiedenen Orten seiner mitteldeutschen Heimat gewirkt.

Bach verfasste in Leipzig viele seiner Kantaten und überarbeitete ältere ebenso wie einen Großteil seiner Instrumentalwerke. „Er hat sich hier auch mit Dingen beschäftigt, die mehr für die *Eingeweihten* und die Gelehrten interessant waren, wie zum Beispiel die Arbeit an der *Kunst der Fuge*, die ihn im letzten Lebensjahrzehnt beschäftigt hat", sagt der Experte. „Auch den zweiten Teil des *Wohltemperierten Claviers* hat er hier um 1744 abgeschlossen. Das war für seinen Unterricht, nicht für die Öffentlichkeit bestimmt."

Allzu viele biografische Details wisse man nicht über Bachs Leipziger Zeit, doch immerhin so viel, dass der Komponist hier ein geselliges Leben führte. „Aus dem Nekrolog des zweitältesten Sohnes und dessen Erinnerungen erfahren wir, dass die Kantoratswohnung in Leipzig zeitweise einem Taubenschlag glich, Musiker und Privatschüler gaben sich förmlich die Klinke in die Hand. Ob und was die konkret in Bachs Wohnung musiziert haben, wissen wir aber nicht." Ein stummer Zeuge der letzten Lebensjahre ist das berühmte Porträt von Elias Gottlob Haußmann, das gleich in zwei Ausfertigungen von 1746 und 1748 in Leipzig erhalten ist, fügt Markus Zepf hinzu. „Wenn man sich dieses Porträt anschaut, sieht man, dass Bach den leiblichen Genüssen nicht abgeneigt war", schmunzelt Zepf, „Bach liebte offenbar nicht nur die Musik, sondern auch das Essen." Was Bach in Leipzig am besten schmeckte, diesem Geheimnis ist die Bach-Forschung aber noch nicht auf die Spur gekommen.

Eva-Maria Bast

So geht's zum Bach-Denkmal:

Es befindet sich in der Grünanlage am Dittrichring schräg gegenüber der Thomaskirche.

Initialen

Eine Blondine lässt den Bauherrn blass aussehen

E igentlich müsste dieses Wohnhaus in Lindenau „Robert-Rammner-Haus" heißen. Denn der spätere Stadtbaumeister dieses Namens ließ das Gebäude nicht nur errichten, sondern wohnte anschließend mit seiner Familie hier. Damit sich daran auch folgende Generationen erinnern, ließ er an einem Erker des Hauses seine Initialen *RR* deutlich lesbar anbringen. Doch die Lindenauer denken nicht an den Architekten Rammner (geb. 1872), wenn sie hier vorbeikommen. Sie denken an eine der berühmtesten und erfolgreichsten Schauspielerinnen Deutschlands und manche nennen das Gebäude „Veronica-Ferres-Haus". Aber wie kommt die Blondine zu dieser Ehre? Lindenau-Experte Rainer Müller kann erklären, was es damit auf sich hat.

„In dem Haus mit den Initialen von Robert Rammner wurden im Jahr 2006 Szenen für den Fernseh-Zweiteiler *Die Frau vom Checkpoint Charlie* gedreht. Darin spielt Veronica Ferres in der Hauptrolle eine Mutter, die in der DDR lebt und mit ihren Töchtern nach Westdeutschland auswandern will", erzählt der Historiker. Bei diesen Dreharbeiten hat sie in Lindenau einen bleibenden Eindruck hinterlassen. „Es kam aber nicht nur dieses Haus im Film vor, sondern auch der Karl-Heine-Kanal zwischen Aurelienstraße und Karl-Heine-Straße. Im Film spielen die Szenen in der DDR, in Ungarn und in Rumänien", nennt Müller weitere Details. Den Zweiteiler fanden sowohl die Zuschauer gut, die am 28. September 2007 bei der Erstausstrahlung vor den Fernsehgeräten saßen, als auch die Jury des Deutschen Fernsehpreises. Diese verlieh Veronica Ferres 2008 die Auszeichnung „Beste Schauspielerin" für ihre schauspielerische Leistung in dem Film.

Ein bisschen schade ist es schon, dass das Haus seither für jemanden bekannt ist, der hier nur wenige Tage ein und aus ging, und nicht

Hoch über Rainer Müller sind die Initialen des Erbauers zu sehen. Trotzdem haben die Lindenauer das Haus nicht nach Robert Rammner benannt.

für jemanden, der in diesem Haus länger lebte. Und dafür gäbe es gleich mehrere Kandidaten. Neben Robert Rammner käme da unter anderem auch Dr. Walter Rammner (1897-1954) infrage, Sohn des Erbauers und passionierter Biologe. „Er wuchs in der Demmeringstraße 42 auf und entdeckte schon als Kind Anfang des 20. Jahrhunderts die Flora und Fauna von Lindenau", erklärt Rainer Müller. Im

Die Initialen.

Alter von zwölf Jahren dokumentierte Rammner junior in einem erhalten gebliebenen Tagebuch seine Umwelt in den Kapiteln „Botanische Beobachtungen" und „Zoologische Beobachtungen" und stellte damit seine gute Beobachtungsgabe unter Beweis. Und diesen Notizen sollten noch viele weitere folgen. Als Professor der Zoologie an der Universität Leipzig veröffentlichte er mehr als 35 Bücher über die heimische Pflanzen- und Tierwelt, bearbeitete das Standardwerk *Brehms Tierleben* neu und schuf damit den vierbändigen *Volksbrehm*. Doch auch nach ihm wird das Haus nicht benannt. Es müssen demnach sowohl der Architekt als auch der Biologe Rammner hinter Veronica Ferres zurückstehen. Auf lange Sicht wird ihr Familienname jedoch in Lindenau präsenter bleiben als der der Schauspielerin. Denn noch in vielen Jahren werden sich Passanten fragen, was es wohl mit den Initialen *RR* am Erker auf sich hat.

Heike Thissen

So geht's zu den Initialen:

Die Initialen sind am Erker des Hauses Demmeringstraße 42 zu sehen.

Was die Bronzefiguren des Mendebrunnens nicht verraten: Der Name seiner Stifterin sorgte einst für große Verwirrung.

20

Mendebrunnen

Skandalöse Namensverwechslung

Nicht immer sind Namen nur Schall und Rauch, die Stifterin des Mendebrunnens hat den ihren mit der Errichtung des imposanten Wasserspiels auf dem Augustusplatz posthum verewigt. Die Frage, was „Frau Mende" so besonders machte, dass der größte Brunnen Leipzigs nach ihr benannt wurde, beschäftigte in den 1920er-Jahren auch einen Reporter, dessen Recherche-Ergebnisse für einigen Wirbel sorgten – und dem Monument einen zusätzlichen Namen einbrachten, der wohl nur hinter vorgehaltener Hand geflüstert wurde: „Hurenbrunnen".

Ursprünglich war es der Leipziger Kaufmann Ferdinand Wilhelm Mende (1799-1857), der der Stadt ein Vermächtnis hinterlassen wollte. Mit seinen Stiftungen unterstützte er die Ausbildung von Waisenkindern, den Bau eines Waisenhauses und ein Blindenasyl. Er brachte sich jedoch 1857 um, und von einem Selbstmörder wollte die Stadt nichts annehmen. Aber Marianne Pauline Mende (1807-1881), durch den Freitod ihres Mannes zur Witwe geworden, fand einen Weg, den Wunsch ihres verstorbenen Gatten doch noch zu erfüllen. 14 Jahre vor ihrem Tod legte sie testamentarisch fest, dass mit ihrem Vermächtnis in Höhe von 150.000 Goldmark ein Brunnen errichtet werden solle.

Ab 1883 begann der Bau desselben, 1886 wurde das Wasserspiel feierlich enthüllt. Den Entwurf für das neobarocke Werk lieferte der Nürnberger Oberbaurat Adolf Gnauth (1840-1884), Bildhauer Jacob Ungerer (1840-1920) aus München schuf die Bronzefiguren, die sich um den etwa 18 Meter hohen Obelisken gruppieren und zum Teil Wasser speien. Die guten Absichten von Marianne Pauline Mende gerieten einige Jahrzehnte später ziemlich in Verruf: Die Lorbeeren für die Stiftung des Brunnens wurden 1927 einer anderen Dame zuge-schrieben, und zwar von Reporter Egon Erwin Kisch (1885-1948). Seinerzeit eigentlich eine Koryphäe auf dem Gebiet des Journalismus, unterlief ihm bei der Recherche zur Stifterin des Mendebrunnens ein folgenreicher Fehler: Er verwechselte die Kaufmannswitwe mit Anna Amalia Mende, einer stadtbekannten Bordellbesitzerin. Im Feuilleton ließ Kisch verlauten: „In dem offenen Hause, das Frau Maria Pauline hielt, verkehrten die feinsten Herren der Stadt, und auch den Damen, die hier sozusagen zu Hause waren, wird nachgerühmt, dass sie die Kunst der vollendeten Unterhaltung besaßen." Der Reporter vermu-tete, dass aus diesem Etablissement das Vermögen für das großzügige Vermächtnis rühre und die öffentlich häufig geschmähte Dame durch ihre Stiftung ihr Ansehen zurückgewinnen wollte.

Obwohl die tatsächliche Wohltäterin ein untadeliges Leben ge-führt hatte, hielt sich die Legende um ihre skandalöse Namensvetterin hartnäckig – und mit ihr der pikante Zweitname des Mendebrunnens.

Eva-Maria Bast

....

So geht's zum Mendebrunnen:

Er steht auf dem Augustusplatz.

Ronald Börner weiß, was hinter dem Türchen verborgen ist.

21

Marienquelle
Wasser für Leipzig

Was ist das für ein kleines Türchen, das da inmitten riesiger Steinbrocken sitzt? Über der schmiedeeisernen Tür steht eine Inschrift: *15§Maria§brunn§01*. Bei den § handelt es sich um Trennzeichen aus dem 19. Jahrhundert: Wohl im Jahr 1888 wurde die Fassung des Brunnens in ihrer heutigen Form gestaltet und die Inschrift eingemeißelt. Beschäftigt man sich näher mit dieser kleinen Tür, findet man sich unversehens in einer Geschichte von Wunderheilung, durstigen Leipzigern und einem weißen Reh wieder. Und Napoleon Bonaparte (1769-1821) kommt auch darin vor.

Sie geht so: Am 24. Juni 1441 soll eine Pilgerin, die kurz zuvor aus dem Heiligen Land zurückgekehrt war und auf den schönen Namen Maria hörte, Aussätzige aus dem Johannishospital (heute Standort des Grassimuseums) hierhergeführt, ihnen Genesung versprochen und dann angefangen haben zu beten. Durch ihre Gebete entsprang eine Quelle, die später nach ihr benannte Marienquelle, und sie soll sie mit den Worten gesegnet haben: „Solang der Quell hier fließt, die Gnade sich ergießt." Menschen tranken das Quellwasser, aus den Kranken wurden Gesunde, Maria entschwand auf einem weißen Reh. Soweit die Sage.

Die Suche nach der tatsächlichen Geschichte hinter der kleinen Tür, die die Quelle verschließt, führt schnell zum Verein der Freunde von Marienbrunn und zu Ronald Börner, der die Geschichte der Marienquelle gemeinsam mit Claus Uhlrich ausführlich recherchiert hat: „Das Wasser dieses Quells floss bis zum Beginn unseres Jahrhunderts durch den heutigen Messegrund die Richard-Lehmann-Straße entlang und mündete im Connewitzer Holz in die Pleiße", so Börner.

Der Münzmeister Andreas Funke hatte Ende des 15. Jahrhunderts westlich der Quelle ein Gut gebaut, sein Nachfolger verkaufte 1501 die Hälfte der Nutzungsrechte an die in 3,5 Kilometer Entfernung liegende Stadt Leipzig. Damit war die erste städtische Wasserleitung gelegt, und daran erinnert die Jahreszahl über dem schmiedeeisernen Türchen. „Mehrfach wurde der Quell angestaut, und sein Wasser floss in einer *Röhrenfahrt* nach Leipzig in die Häuser wohlbetuchter Bürger, zum Beispiel in das von Hieronymus Lotter", berichtet Ronald Börner.

Im Dreißigjährigen Krieg sei die Leitung verfallen. Die Quelle jedoch sprudelte nach wie vor – und nun sprudelten auch die Gerüchte. Zwar rankten diese sich nicht mehr direkt um Maria, dass das Wasser Heilkräfte besitze, glaubte man aber schon. Die Quelle, nun zum Gesundbrunnen aufgestiegen, wurde Ziel zahlreicher Pilger. „Da half es auch nichts, dass der Leipziger Rat das Wasser analysieren ließ und als Ergebnis stets herauskam, dass das Wasser zwar wohlschmeckend sei, aber keinesfalls Heilkraft besitze", erklärt Börner. Und nun kommt auch der französische Kaiser ins Spiel. „Der berühmteste Mann, der hier seinen Durst stillte, war Napoleon, der am 18. Oktober 1813 hier ganz in der Nähe (in der auf einem Hügel stehenden Quandt'schen Tabaksmühle) seinen Kommandostand hatte", ist dem Aufsatz zu entnehmen. Als Zaubertrank erwies sich das Quellwasser für ihn aber nicht: Schließlich brachten ihm die Preußen, Österreicher und Schweden die entscheidende Niederlage bei. Nach dieser wohl größten Schlacht zu Napoleons Zeiten musste er sich nach Frankreich zurückziehen, die Zeit der Fremdherrschaft war für Deutschland vorbei.

Und ein dreiviertel Jahrhundert später war es dann auch mit der Quelle vorbei: Sie versiegte. „Sandgruben, Hausfundamente und Bahneinschnitte hatten die hydrologische Struktur gründlich zerstört", sagt Börner. Und auch die Bronzegruppe „Maria auf dem Reh", die 1939 nahe der Quelle aufgestellt worden war und an die Sage erinnern sollte, hatte nicht lange Bestand: Sie musste 1942, wie auch andere Denkmäler in Leipzig (siehe Geheimnis 31), im Zweiten Weltkrieg weichen, um in Kanonenkugeln umgewandelt zu werden. In früheren Jahrhunderten sei der Marienbrunnen auch ein beliebtes Ausflugsziel für Leipziger gewesen, an dem gern gefeiert wurde. Das artete allerdings manchmal etwas aus, weshalb, so Börner, die Feste von den Ordnungsbehörden unterbunden worden seien. „Für die Marienbrunner ist er seitdem Ziel von Spaziergängen und beliebter Abenteuerspielplatz der Kinder. Im übrigen Leipzig geriet die Quelle nach und nach in Vergessenheit."

1990 nahm sich der Verein Freunde von Marienbrunn e.V. der Quelle an und versetzte sie in vielen Arbeitsstunden in ihren heutigen Zustand.

Ein verwunschener Ort ist es nach wie vor. Ein Platz, an dem es sich lohnt, ein wenig zu verweilen. Vom angeblichen Heilwasser probieren kann man allerdings nicht mehr: Die Quelle enthält, wie in einem Brunnen, je nach Witterung mal mehr mal weniger Wasser und ist als Trinkwasser nicht mehr geeignet.

Eva-Maria Bast

So geht's zur Marienquelle:

*Sie befindet sich im Park neben der Straße „An der Tabaksmühle".
Gegenüber der Tankstelle führt ein Weg in den Wilhelm-Külz-Park.
Diesem nach rechts folgen, dann findet man die Quelle nach ein paar
Metern auf der rechten Seite.*

"leipzig ist die glücklichste zeit"

Hier wohnte
von September 1986 bis Juli 1989
der Dichter

Ronald M. Schernikau

(11. Juli 1960 – 20. Oktober 1991)

22

Erinnerungstafel

Der letzte Wessi, der DDR-Bürger wurde

An der unscheinbaren Erinnerungstafel gegenüber der Uni-mensa laufen jeden Tag Hunderte von Studenten achtlos vorbei. Autor und Stadtführer Henner Kotte hingegen bleibt regelmäßig an der beschrifteten Glasplatte stehen. In schwarzen Buchstaben steht auf ihr zu lesen: *„leipzig ist die glücklichste zeit"* *Hier wohnte von September 1986 bis Juli 1989 der Dichter Ronald M. Schernikau (11. Juli 1960 – 20. Oktober 1991).* Doch die einzigartige Geschichte, die sich dahinter verbirgt, gibt sie nicht preis.

„Schernikau war der letzte Westdeutsche, der in die damalige DDR eingebürgert wurde", erklärt Henner Kotte. Das sei an sich schon ungewöhnlich, war es in der Regel doch eher umgekehrt: Viele DDR-Bürger wollten nach Westdeutschland übersiedeln. „Noch faszinieren-der wird die Geschichte, wenn man sich klarmacht, mit welcher Ziel-strebigkeit Schernikau sein Vorhaben verfolgt hat", findet Kotte. Ohne Blick in die Biografie des Dichters lässt sich nicht nachvollziehen, woher die Motivation stammte.

„Er war gebürtiger Magdeburger. Doch weil sein Vater in die BRD geflohen war, als Schernikau noch ein kleines Kind war, schmuggelte seine Mutter sich mit ihrem sechsjährigen Sohn in einem Diploma-tenauto in den Westen. Sie wollte unbedingt, dass er in einer heilen Familie aufwächst", beginnt der Wahl-Leipziger zu erzählen.

Aus dem Familienglück wird jedoch nichts: Als Ronald und seine Mutter Ellen in Westdeutschland ankommen, müssen sie feststellen, dass der Vater inzwischen eine neue Familie gegründet hat. Die beiden sitzen in der Klemme, schließlich können sie nicht einfach in den nächstbesten Zug steigen und zurück in die DDR fahren. „Dort wäre die Mutter mit Sicherheit verhaftet und das Kind in ein Heim gesteckt worden. Schließlich waren sie ja Republikflüchtlinge", ordnet der Kri-miautor die vertrackte Situation ein. Denn vertrackt ist sie tatsächlich: Ellen Schernikau ist nicht nach Westdeutschland gereist, weil sie sich

---

Autor Henner Kotte läuft an der Erinnerungstafel für Ronald M. Schernikau nicht achtlos vorbei.

dort ein besseres Leben erhofft. Die überzeugte Sozialistin hat sich allein aus Liebe zum Vater ihres Kindes auf den Weg gemacht. Nun sitzt sie in Lehrte bei Hannover fest, schlägt sich als Krankenschwester durch und träumt von der heilen Welt auf der anderen Seite des Grenzzauns. Sie liest die neuen Bücher der DDR-Schriftsteller, schaut DDR-Fernsehen und erzieht ihren Sohn zum Kommunisten.

„Das führte so weit, dass sie das DDR-Heft *Frösi*, die Zeitschrift der Thälmannpioniere, für ihn abonnierte und ihm nach Lehrte zuschicken ließ", sagt Henner Kotte. Damit habe sie den Grundstein für seine tiefe Sehnsucht nach Ostdeutschland gelegt. „Die DDR ist richtig und die BRD ist falsch", ist ein Motto, dem Schernikau schon früh folgt. Im Alter von 16 Jahren tritt er der Deutschen Kommunistischen Partei DKP bei und veröffentlicht 1980 – er hat noch nicht einmal sein Abitur in der Tasche – seine *Kleinstadtnovelle*, eine autobiografische Erzählung über einen schwulen linken Schüler in der Provinz. „Das Buch wurde ein Bestseller und machte ihn über Nacht berühmt", erklärt Kotte. Mit diesem Erfolg in der Tasche zieht der homosexuelle Dichter nach Westberlin, um der DDR ein Stück näher zu ein. Er studiert Germanistik und Philosophie an der Freien Universität Berlin, arbeitet als Babysitter und schreibt Beiträge für sämtliche linken und schwulen Medien. Er besucht Sitzungen der Sozialistischen Einheitspartei Westberlins und wird sich immer bewusster, dass er auf dieser Seite der Berliner Mauer nicht auf Dauer sein Glück finden wird. Denn als Schriftsteller läuft es für ihn nach seinem Überraschungserfolg schlecht. Kein Verlag will seine Werke drucken, an denen er so akribisch – vielleicht sogar besessen – arbeitet. Er ist frustriert, dass er vom Schreiben nicht leben kann, und der festen Überzeugung, dass das in der DDR funktionieren würde.

„Also bewarb er sich als erster und einziger Westdeutscher am Deutschen Literaturinstitut in Leipzig und wurde auch genommen. Aber das muss ziemlich merkwürdig gewesen sein, schließlich waren die Studierenden des Instituts dem Sozialismus gegenüber eher kritisch eingestellt", sagt Kotte kopfschüttelnd, „und dann kam da dieser Kommunist aus dem Westen und erzählte, wie toll er alles an der DDR fand." Dabei sei es ihm gar nicht in erster Linie um das Studium gegangen, sondern vielmehr um das Leben in der DDR.

In seinen Leipziger Jahren wohnt der Dichter und Student in dem Haus, an dessen Eingang heute die unscheinbare Erinnerungstafel angebracht ist. Es ist in der Messestadt, dass er sein Werk *die tage in l.* verfasst und feststellt, „daß die ddr und die brd sich niemals verständigen können, geschweige denn mittels ihrer literatur". Parallel betreibt er einen großen Aufwand, um einen DDR-Pass zu bekommen. Schließlich klappt es. Im September 1989, als bereits jeden Tag Tausende DDR-Bürger Richtung Westen türmen, zieht er nach Ostberlin und wird Hörspieldramaturg im Berliner Henschelverlag. Die spätere Literaturnobelpreisträgerin und Bekannte Schernikaus, Elfriede Jelinek, schreibt über ihn und seine Sehnsucht nach der DDR: „Eine seltsame Vorstellung, wie dieser entschlossene junge Mann, einem Tier gleich, das seine Instinkte verkehrt herum eingebaut hat, hartnäckig in eine Richtung strebt, während ringsumher die anderen Tiere wie die Irren vor einem imaginären Buschbrand in die entgegen gesetzte Richtung flüchten." Die DDR, wie Schernikau sie kennen- und lieben gelernt hat, existiert nicht mehr. Frustriert sagt er wenig später: „Am 9. November 1989 hat in Deutschland die Konterrevolution gesiegt." Und: „Wer die Buntheit des Westens will, wird die Verzweiflung des Westens kriegen."

Ein Jahr später ist Ronald M. Schernikau tot. Der DDR-Bürger, der erst BRD-Bürger und dann Westberliner wurde, nur, um dann wieder DDR-Bürger zu werden, stirbt am 20. Oktober 1991 an den Folgen von Aids. Von den 31 Jahren, die er gelebt hat, gehörten die in Leipzig zu den glücklichsten. So steht es auf der Tafel, die in der Universitätsstraße an ihn erinnert.

Heike Thissen

So geht's zur Erinnerungstafel:

Die Erinnerungstafel für Ronald M. Schernikau ist am Eingang des Gebäudes Universitätsstraße 20 angebracht.

Petra Cain hat die Geschichte dieses Denkmals recherchiert.

23

Poniatowski-Denkmal

Ein Nationalheld und die Schlacht

Ponia… – wer? So oder ähnlich mag es dem einen oder anderen Leipziger gehen, wenn er auf das Poniatowski-Denkmal angesprochen wird. Petra Cain, Mitglied im Bürgerverein Waldstraßenviertel, hingegen weiß nicht nur, wo sich besagtes Denkmal befindet, sondern auch, weshalb dort des Polen Józef Antoni Poniatowski (1763-1813) gedacht wird. „Er kämpfte in der Völkerschlacht aufseiten der Franzosen und kam beim Rückzug ums Leben", erzählt sie. Hierzulande ist das weniger bekannt, in Polen hingegen wird Poniatowski, obwohl er letzten Endes für die Verliererseite kämpfte, als Nationalheld verehrt. Und das kam so:

Als Neffe des letzten Königs von Polen erblickt Poniatowski 1763 als Sohn eines polnischen Adligen und einer österreichischen Aristo-kratin in Wien das Licht der Welt. Nach dem Vorbild seines Vaters, der als General in österreichischen Diensten steht, 1773 jedoch ver-stirbt, beginnt der junge Poniatowski seine militärische Karriere 1780 als Leutnant in österreichischen Kriegsdiensten, wo er während der folgenden Jahre schnell in den Rang eines Majors aufsteigt. 1787 erfolgt sogar die Ernennung zum Oberst und Flügeladjutanten des römisch-deutschen Kaisers Joseph II. (1741-1790). Nachdem er 1789 nach Polen zurückgekehrt ist, wird Poniatowski 1791 Oberbefehlshaber der polnischen Armee, deren Aufbau er seit zwei Jahren organisiert hat. In diesem Jahr erhält Polen außerdem seine erste geschriebene Verfas-sung. Die russischen Truppen, die 1792 ins Land einmarschieren, können von den polnischen Streitkräften jedoch nicht bezwungen werden. Auf die Schmach dieser Niederlage folgt das Scheitern eines erneuten Aufstands 1794. Noch im selben Jahr geht Poniatowski nach Wien, tief enttäuscht darüber, dass sein Onkel, der amtierende polni-sche König Stanislaus II. August Poniatowski (1732-1798), kapituliert, die Verfassung verrät und 1795 abdankt.

Die Hoffnungen Polens, das seit der „Dritten Teilung" 1795 als Staat nicht mehr existiert, richten sich nun auf Frankreich, denn „Napoleon hatte versprochen, das Herzogtum Warschau als von Polen regiertes Gebiet herzustellen", sagt Petra Cain. Der französische Kaiser hält sein Versprechen: An der Seite Napoleon Bonapartes (1769-1821) kehrt Poniatowski aus seinem Exil in Wien in das Herzogtum War-schau zurück. Dieses wird aus den Teilen Polens gebildet, die Preußen in der zweiten und dritten Teilung des Landes bekommen hatte. Das ist deshalb möglich, weil Preußen nach seiner Niederlage gegen Napo-leon in der Schlacht bei Jena und Auerstedt 1806 den 1807 zwischen Russland und Frankreich geschlossenen Frieden von Tilsit akzeptieren muss. 1807 wird Poniatowski Kriegsminister und baut die polnische Armee wieder auf. „Eigentlich hat er sein ganzes Leben auf Feldzügen verbracht", fasst die Stadtkennerin den Werdegang Poniatowskis zu-sammen.

Preußische und russische Angebote, die Fronten zu wechseln, lehnt Poniatowski vehement ab. Und so kämpft er im Oktober 1813 in der Völkerschlacht bei Leipzig nach wie vor aufseiten des von seinem gescheiterten Russlandfeldzug zurückkehrenden Napoleon, der ihn inzwischen in den Rang eines französischen Marschalls erhoben hat. Die Niederlage der französisch-polnischen Allianz sollte nicht nur Polens Schicksal für lange Zeit besiegeln – erst 1918 erlangt es seine Unabhängigkeit zurück –, sondern auch das Poniatowskis. „Napoleon hatte den Rückzug befohlen und war nach Weißenfels abgerückt", schildert Petra Cain das Geschehen. „Sobald die Truppen den Fluss überquert hatten, sollten sie hinter sich die Brücken sprengen, so auch die Brücke, die hier über die Weiße Elster führte."

Diesen Weg muss auch Poniatowski nehmen, doch er wird ihm zum Verhängnis. Denn russische Jäger haben die fliehenden französischen und polnischen Soldaten verfolgt und eröffnen das Feuer. Vermutlich in Panik reagiert der für die Sprengung verantwortliche Korporal: Er jagt die Brücke vorzeitig in die Luft, obwohl sich auf der gegenüberliegenden Uferseite noch etwa 20.000 Männer befinden, denen nun der Rückweg abgeschnitten ist. „Dadurch blieb den Soldaten nichts anderes übrig, als die Weiße Elster schwimmend oder mit dem Pferd zu durchqueren. Aber das war nicht einfach, denn der Fluss führte Hochwasser", fährt Petra Cain fort und bilanziert: „Bis zum Letzten hat Poniatowski Loyalität bewiesen und den Rückzug verteidigt. Und das ist es auch, was ihn zum Nationalhelden gemacht hat."

Ob Poniatowski in diesem Moment wusste, dass Polen durch die Niederlage weiterhin Spielball der Großmächte bleiben würde, und sich deshalb schicksalsergeben in die Fluten stürzte, oder ob er versuchte, Haut und Leben zu retten – fest steht: Der polnische General, in der Schlacht bereits verwun-

Der Mann, dem dieses Denkmal gesetzt wurde, hatte ein bewegtes Leben.

det und entkräftet, lenkt sein Pferd schließlich auch in den Fluss hinein und ertrinkt. „Ein paar Tage später haben Fischer ihn gefunden", fügt Petra Cain hinzu. „Sie haben ihn an seiner Kleidung und an den Orden erkannt." Zunächst sei er in der Ratsgruft beigesetzt worden, bevor 1814 die Überführung nach Polen erfolgte. „Heute liegt Poniatowski in der Wawel-Kathedrale in Krakau begraben", ergänzt die Leipzigerin, „und diese Ehre wird nicht vielen zuteil."

Gleich im Dezember 1813 soll Poniatowski von seinen Gefolgsleuten in Leipzig ein Denkmal gesetzt worden sein. „Das sah aber sicher anders aus als der heutige Gedenkstein und ist auch mehrmals versetzt worden", sagt Petra Cain. „Denn damals befand es sich noch außerhalb der Stadt, wurde also aufgestellt, bevor das Viertel hier entstand." Während der NS-Zeit, als polnische Heroen unerwünscht waren, sei es beschädigt und eingelagert worden. 1957 habe man den oberen Abschluss des früheren Denkmals wiedergefunden und damit zu DDR-Zeiten ein neues Monument errichtet, erzählt die Stadtkennerin.

Heute befindet sich das Denkmal in einer kleinen Parkanlage am ruhigen und beschaulichen Ende der Gottschedstraße, der beliebtesten Leipziger Kneipenstraße. Dorthin verirren sich die Menschenmassen und Partywütigen in der Regel eher selten.

Für andere ist es seit jeher ein regelrechtes Pilgerziel, nämlich für polnische Besucher der Stadt, die dort Blumen niederlegen und ihres Nationalhelden gedenken. Die Weiße Elster ist inzwischen kanalisiert, sodass es fast unmöglich ist, sich die Tragödie des 19. Oktober 1813 vorzustellen.

Eva Maria Bast

....

So geht's zum Poniatowski-Denkmal:

Das Denkmal steht im Waldstraßenviertel auf einer Wiese zwischen Elster- und Lessing-Straße.

Wolfram Günther gehört zu denen, die sich für den Erhalt dieser Wohnanlage starkgemacht haben.

24

Wohnanlage

Der Abrissbirne knapp entkommen

W er sich die große Wohnanlage in der Zerbster Straße im Stadtteil Eutritzsch anschaut, wird nicht viel Außergewöhnliches entdecken. Das Besondere an diesem Gebäudekomplex ist ganz einfach die Tatsache, dass er überhaupt noch steht. „Erst vor wenigen Jahren wollte die Leipziger Wohnungs- und Baugesellschaft dieses denkmalgeschützte Gebäude abreißen und an seiner Stelle eine Grünfläche anlegen", berichtet Wolfram Günther, der sich als Mitglied im Stadtforum Leipzig erfolgreich für den Erhalt des Ensembles eingesetzt hat. Damit bewies die Initiative für behutsamen Stadtumbau Weitblick.

Denn um 2006 hätte kaum jemand gedacht, dass in Leipzig bereits ein paar Jahre später Wohnraum fehlen könnte. Um die Jahrtausendwende standen Tausende Quadratmeter leer, der Staat zahlte Abrissprämien, um vermeintlich überschüssige Wohnungen loszuwerden. „So um 2000 herum war hier die große Zeit des Wegzugs und Leerstands, auch mitten in einer großen Stadt wie Leipzig. Das kann man sich heute gar nicht mehr vorstellen", sagt Wolfram Günther. „Inzwischen sind wir angesichts des Wohnungsmangels froh, dass wir eine modernisierte Anlage wie die in der Zerbster Straße mit 175 Wohnungen haben."

Mehr als das. Die Gebäudekomplexe in der Zerbster Straße sind auch eindrucksvolle Zeugen einer vergangenen Ära. „Diese Wohnanlage ist ein Musterbeispiel für den sozialen Wohnungsbau der 1920er-Jahre", erklärt der Abgeordnete im Sächsischen Landtag. Errichtet wurde die Anlage 1923 durch den Architekten Alfred Liebig (1878-1952) für das damalige Wohnfürsorgeamt der Stadt Leipzig. Liebig war ein Schüler von Paul Wallot (1841-1912), dem Architekten des Berliner Reichstags. Der Gebäudestil zeigt den Übergang vom Historismus zur Frühmoderne. „Die Zerbster Straße ist eine der ersten großen Wohnungsanlagen des kommunalen sozialen Wohnungsbaus in Leipzig und stand am Beginn einer bedeutenden Entwicklung, in deren Verlauf unter anderem die Kroch-Siedlung in Gohlis-Nord und der Rundling in Lößnig entstanden", erzählt Wolfram Günther. Wohnraum war damals knapp, viele lebten nach dem Ersten Weltkrieg in aus heutiger Sicht unvorstellbar unhygienischen und erbärmlichen Verhältnissen.

In den 1920er-Jahren entwickelte sich Leipzig rasend schnell zur pulsierenden Metropole Mitteldeutschlands. Bis 1930 lebten 718.000 Menschen innerhalb der Stadtgrenzen – so viele wie nie mehr danach. Doch von den „Goldenen Zwanzigern" bekamen nur privilegierte Leipziger etwas mit. Sie besuchten die 44 Kinos, die es in der Stadt gab, und genossen das ausgelassene und freizügige Nachtleben. Die Arbeiterfamilien lebten hingegen am Existenzminimum. Viele von ihnen waren vom Land in die Stadt geflohen, auf der Suche nach Arbeit und einem besseren Leben. Was sie vorfanden, war akute Wohnungsnot.

Es war die Wohnanlage in der Zerbster Straße, die in Leipzig einen Wendepunkt auf dem Weg zu bezahlbaren, sauberen Wohnungen markierte. Doch dieser städtebauliche Hintergrund zählte plötzlich nichts mehr, als die Anlage 2006 abgerissen werden sollte. „Dabei gab es Kaufinteressenten, die den auch architektonisch interessanten Gebäudekomplex sanieren und modernisieren wollten", schüttelt Günther noch heute den Kopf über die damaligen Pläne.

Das Stadtforum Leipzig für behutsamen Stadtumbau plante Proteste und aktivierte Mitstreiter, die sich öffentlichkeitswirksam für den Erhalt der Anlage einsetzten. „Dieser Widerstand aus der Bürgerschaft, den wir da organisiert hatten, war dann irgendwann so groß, dass auch die Verwaltung einen Weg finden wollte, gesichtswahrend aus der erteilten Abbruchgenehmigung wieder rauszukommen", erinnert sich der Jurist. Letztlich konnte das Stadtforum den Abriss in der Zerbster Straße genauso verhindern wie weitere geplante Abbrüche von Wohn- und Industriebauten. Heute steht die Anlage in Eutritzsch modernisiert und gut vermietet da. „Wenn man mal hier so vorbeikommt, sieht diese Anlage auf den ersten Blick relativ unscheinbar aus. Aber ich bin überzeugt, dass sie für Leipzig von großer Bedeutung ist, mit der Erfolgsgeschichte, die mit ihr zusammenhängt", sagt Wolfram Günther. Manchmal verstecken sich die wirklich geheimnisvollen Geschichten eben hinter ziemlich unauffälligen Fassaden.

Heike Thissen

So geht's zur Wohnanlage:

Die Wohnanlage befindet sich in der Zerbster Straße zwischen Wittenberger Straße und Heinz-Kapelle-Straße.

Sylvia Kolbe war neugierig und hat herausgefunden, was sich hinter dieser kleinen Tür verbirgt.

Türchen

Schutz gegen Feuersbrunst

F ür Kinder ist es ganz klar: Hier wohnt Familie Zwerg. Diese Überlegung folgt einer gewissen Logik, denn nur ein Zwerg wäre klein genug, um durch dieses Türchen hindurchzupassen. Sylvia Kolbe ist die winzige Gittertür in der Hainstraße eines Tages aufgefallen, denn die Leipzigerin ist viel in der Stadt unterwegs, immer auf der Suche nach neuen, geheimnisvollen Relikten. „Ich weiß nicht, wie oft ich an dieser Tür vorbeigegangen bin, ohne sie zu bemerken", sagt sie. „Und ich bin mir ziemlich sicher, dass die in Leipzig kaum jemand kennt."

Als die Gästeführerin die kleine Pforte entdeckt hatte, wollte sie es wissen: Was hat es mit ihr auf sich? Was befindet sich dahinter? Sie begann zu recherchieren und fand auch tatsächlich des Rätsels Lösung:

„Sie verschließt eine alte Brandgasse", sagt Sylvia Kolbe. „Dieses Haus ist 1994 neu gebaut worden – in historisierender Bauweise –, aber die alte Brandgasse wurde noch erhalten und auch das kleine Türchen, durch das man in diese Brandgasse kam. Teilweise wurden auch die alten Mauern des Vorgängerbaus in den Neubau integriert."

Nach drei großen Bränden im 15. und 16. Jahrhundert – 1420 gab es einen großen Stadtbrand, 1498 und 1518 wurden die Gebäude am Brühl durch Stadtbrände zerstört – versuchte man, die Stadt feuersicherer zu machen. „Viele Häuser wurden nun aus Stein gebaut, und man hat manchmal Sicherheitsabstände zwischen zwei Gebäuden gelassen", erklärt die Leipzigerin. Diese kleinen Gässchen dienten zum einen dazu, dass die Flammen nicht so schnell aufs Nachbarhaus übergreifen konnten, zum anderen konnten von hier aus Löscharbeiten durchgeführt werden. Und genau dafür sei die enge Gasse besonders günstig gewesen – als der kürzeste Weg zum Transport des Löschwassers. Außerdem: „Links und rechts an den Häusern gab es Einbuchtungen für die Füße, und dieser Aufgang wurde auch gelegentlich von Kaminfegern genutzt", hat Sylvia Kolbe recherchiert.

Ganz ungefährlich sei das allerdings nicht gewesen. „Hart, aber wahr: Für diese Arbeit nahm man gerne Waisenjungen. Man fand, hier komme es nicht so drauf an, ob die abstürzen", sagt Sylvia Kolbe. Zu Tode gekommen sei dann allerdings niemand – zum Glück.

Merkwürdig ist das kleine Türchen direkt an der Nahtstelle zwischen den beiden Häusern auf jeden Fall. „Man würde nicht vermuten, dass dahinter eine Gasse liegt", sagt Sylvia Kolbe und meint: „Das macht das Ganze umso geheimnisvoller."

Eva-Maria Bast

So geht's zum Türchen:

Die kleine Tür befindet sich in der Hainstraße 6, direkt am Übergang zum Nachbarhaus.

Zwei Männer triumphieren über einen am Boden liegenden Mönch.
Was hat es mit diesem Relief im Hof des Fregehauses auf sich?

Relief

Reformator Martin Luther am Boden

Ein Mönch mit Tonsur und schwarzer Kutte liegt auf dem Boden, auf ihm thronen zwei Herren mit grimmigen Mienen. Über ihnen steht die Jahreszahl *1535* geschrieben. Wer sind die drei auf dem farbigen Relief? Und was hat der Geistliche ihnen getan, dass die beiden anderen sich so über ihm erheben?

„Das Steinrelief ist nicht ganz schlüssig zu deuten, aber vermutlich sieht man hier Papst Leo X., einen Kaufmann und den gestürzten Martin Luther", erklärt Schriftsteller Bernd Weinkauf. Er hat sich im Rahmen mehrerer Buchprojekte mit dem Fregehaus beschäftigt, in dessen Hof die Abbildung zu sehen ist. Die Jahreszahl, so vermutet er, könnte auf die Erbauungszeit des Hauses zurückgehen. „In jenen Jahren war die Stadt in Auseinandersetzungen zwischen Katholizismus und Protestantismus gespalten, und der damalige Hauseigentümer dürfte zur großen Zahl der Luthergegner gehört haben", sagt der Leipzig-Kenner. Tatsächlich spielte Leipzig in der Geschichte der Reformation eine wichtige Rolle. Denn es war in der Pleißenburg, dass Luther (1483-1546) 1519 bei der berühmt gewordenen Leipziger Disputation mit dem Ingolstädter Theologen Johannes Eck (1486-1543) öffentlich die Grundzüge seiner Kritik an der hergebrachten Kirchenordnung vorstellte. Der Mönch hielt sich im Laufe seines Lebens mehrmals in der Stadt auf und predigte hier insgesamt bei drei Gelegenheiten. Das erste Mal betrat er Leipziger Boden im Jahr 1512, nachdem er die knapp 70 Kilometer von Wittenberg zu Fuß zurückgelegt hatte. Es war das Geld, das ihn an die Pleiße rief: Sein Landesherr Friedrich der Weise (1463-1525) hatte ihm 50 Gulden für seine Promotion bewilligt. Das nächste Mal kam er nachweislich im Sommer 1519.

Knapp zwei Jahre zuvor hatte er initiiert, was später als „Reformation" bezeichnet wurde, indem er am 31. Oktober 1517 seine 95 Thesen an die Tür der Wittenberger Schlosskirche anschlug, um einen Disput anzuregen. Von da an war die Auseinandersetzung des Mönchs mit der Kirche im Allgemeinen und dem Papst im Besonderen öffentlich. Luther kritisierte den geschäftsmäßigen Ablasshandel, der für die Kirche eine willkommene Einnahmequelle war. Vor allem der Leipziger Ablassprediger Johann Tetzel (1460-1519) war ihm ein Dorn im Auge. Dieser agierte im Auftrag des Erzbischofs Albrecht von Mainz und Magdeburg (1490-1545) und belegte mit dem ihm zugeschriebenen Ausspruch, „Sobald das Geld im Kasten klingt, die Seele in den Himmel springt!", die ökonomischen Interessen der Kirche.

„Kein Wunder also, dass Erzbischof Albrecht und Tetzel von Luthers Thesen überhaupt nicht begeistert waren", sagt Bernd Weinkauf augenzwinkernd. Ein Streitgespräch sollte Klärung bringen, und dieses fand ab dem 27. Juni 1519 als „Leipziger Disputation" statt. Hier traf Luther, begleitet von dem Gelehrten Philipp Melanchthon (1497-1560) und dem Theologen Andreas Karlstadt (1486-1541), auf den papsttreuen Theologieprofessor Johannes Eck aus Ingolstadt. Drei Wochen dauerte es, bis die theologischen Wortgefechte beendet waren. Zu den wichtigen Inhalten gehörte nicht nur das Thema Ablass, sondern auch die Stellung des Papstes, der freie Wille und die göttliche Gnade. Luther ergriff Partei für den böhmischen Reformator Jan Hus

(1370-1415) und stellte fest, dass nicht nur der Papst, sondern auch ein Kirchenkonzil irren könne – eine eindeutige Häresie, also eine klare Abgrenzung von Rom. Am Ende waren sich die beiden Seiten noch nicht einmal einig darüber, wer den Sieg bei der Disputation davongetragen hatte. Für Martin Luther war danach jedoch klar, dass er mit der römisch-katholischen Kirche endgültig brechen muss. Dieser Meinung war allerdings auch die Kirche und verhängte 1521 über Luther – unter Mitwirkung Ecks, der sich anlässlich des Prozesses gegen den Reformator eigens nach Rom begeben hatte – den Kirchenbann und damit die Reichsacht.

Was für eine Genugtuung muss es da für Luther gewesen sein, dass er am Pfingstsonntag 1539 in der Kapelle der Pleißenburg und einen Tag später öffentlich in der Thomaskirche predigen durfte, nachdem Herzog Heinrich der Fromme (1473-1541) in seinem Land die Reformation eingeführt hatte! Ein letztes Mal kehrte der Reformator am 12. August 1545 nach Leipzig zurück, um in der Paulinerkirche die Weihepredigt zu halten.

„Von all dem ahnte der Bauherr aber natürlich noch nichts, als er 1535 sein Haus errichten und das Relief im Hof anbringen ließ", fasst Bernd Weinkauf zusammen. 500 Jahre nach der Reformation ist hingegen hinlänglich bekannt, dass der grimmig dreinblickende Papst über den am Boden liegenden Luther nicht dauerhaft triumphieren konnte.

Heike Thissen

So geht's zum Relief:

Das Relief befindet sich im Hof des Fregehauses (Katharinenstraße 11) links der Hofeinfahrt.

Sylvia Kolbe kennt die wechselvolle Geschichte dieser Grabplatte.

27

Grabstätte

Unruhe nach der letzten Ruhe

Als Sylvia Kolbe diesem Grabdeckel zum ersten Mal begegnete, stand er noch im Vorraum des Haupteingangs der Thomaskirche und hatte – ebenso wie der Mann, an den hier erinnert wird – eine aufregende Geschichte hinter sich. Die Rede ist vom steinernen Kenotaph des Markgrafen Dietrich, genannt Diezmann, auf dem der Verstorbene lebensgroß dargestellt ist. 1968 wurde der Ort, an dem sich dessen letzte Ruhestätte bis dahin befunden hatte, gesprengt. Die Grabplatte landete auf der Straße. Nach einer Zwischenstation auf dem Gelände des heutigen Bundesverwaltungsgerichts, wo das Kenotaph zweckentfremdet wurde, und, wie Silvia Kolbe sagt, als Fahrradständer diente, nahm sich 1987 die Thomaskirche des Grabdeckels an und brachte ihn im Eingangsbereich unter.

Aber: „Ich fand, dass das nicht geht – also, dass Diezmann so einfach im Kirchenvorraum steht –, und habe einen kleinen Brief an die Thomaskirche geschrieben", sagt die Gästeführerin. Ob ihr Brief den Ausschlag gab, dass der Grabdeckel ins Seitenschiff des Gotteshauses geholt wurde, weiß Sylvia Kolbe nicht. Aber sie freut sich, dass der steinerne Diezmann im Jahr 2000 einen angemesseneren Standort gefunden hat.

„Markgraf Diezmann lebte von 1260 bis 1307", beginnt die Gästeführerin zu erzählen. „Er war der dritte und somit jüngste Sohn von Albrecht dem Entarteten." Dem *Katalog des Stadtgeschichtlichen Museums* ist über den Markgrafen zu entnehmen: „Im 13. Jahrhundert versuchten die deutschen Könige, Meißen und das Osterland als erledigtes Reichslehen an sich zu ziehen. Das rief den Widerstand der Söhne Landgraf Albrechts von Wettin, Dietrich, genannt Diezmann, und Friedrich des Freidigen (1257-1323) hervor, die den Konflikt mit König Albrecht militärisch austrugen." Von Leipzig und Groitzsch aus hätten die Brüder die Verteidigung vorbereitet. Und am 31. Mai 1307 kam es zur Schlacht bei Lucka, „in der dank des Einsatzes der bewaffneten Leipziger Bürgerschaft die Streitmacht des Königs aufgerieben wurde". Und dann musste der Markgraf sterben. „Er wurde im Dezember 1307 der Sage nach ermordet", sagt Sylvia Kolbe. Im Ausstellungskatalog ist dazu zu lesen: „Diezmann wurde der Überlieferung nach im Dezember 1307 in der Leipziger Thomaskirche erstochen und so vermutlich zum prominenten Opfer des militärischen Konfliktes mit der deutschen Zentralgewalt."

Markgraf Diezmann sollte eigentlich in der Paulinerkirche seine letzte Ruhe finden. Aber er fand sie nicht. „Hier wurde er zwar 1307 bestattet, aber 1517 bis 1521 wurde die Kirche umgestaltet und seine Gebeine dem Grab entnommen", erzählt die Stadtführerin die wechselvolle Geschichte weiter. „Man hat die sterblichen Überreste in einen Kasten gelegt und in der Sakristei aufbewahrt." 1841 wurden die Knochen des Markgrafen im Chorraum nachbestattet, und zwar in einer Tumba mit dem Deckel, der heute in der Thomaskirche eine neue Heimat gefunden hat. Steffen Poser schreibt im *Katalog des Stadtgeschichtlichen Museums* von einem weiteren Detail: „Immer wieder berichteten Zeugen, die die Gebeine des Ermordeten in Augenschein nehmen konnten, beeindruckt von dem reichen rotblonden Haar, das immer noch den Schädel zierte. Ob die hier gezeigte Haarlocke schon im 16. Jahrhundert oder erst kurz vor der zweiten Beisetzung Diezmanns entfernt wurde, lässt sich nicht feststellen." Die Haarlocke, berichtet Kolbe, könne man noch immer im Stadtgeschichtlichen Museum bewundern. Die Gebeine seien hingegen verschwunden – vermutlich geschah dies, als die 1240 geweihte Paulinerkirche, auch als Universitätskirche St. Pauli bekannt, im Jahr 1968 auf Befehl der SED gesprengt wurde. „Es gab damals viele Verhaftungen von Leuten, die sich für den Erhalt der Kirche einsetzen wollten", sagt Sylvia Kolbe. „Mitarbeiter des Instituts für Denkmalpflege Dresden durften nicht rein – zugelassen waren ein Archivar des Universitätsverwaltungsarchivs und ein Student für Kunstgeschichte, Peter Findeisen, ein freier Mitarbeiter des Instituts, der dann auch eine Bergungsliste erstellte. Es gelang, 80 Prozent der Kunstwerke der Kirche zu retten." Darunter seien auch Epitaphien und Grabplatten gewesen – wie die von Diezmann. Ein Foto des Leipziger Stadtarchivs aus dem Jahr 1968 zeigt sie auf der Straße liegend neben einer weiteren geretteten Grabplatte eines Unbekannten.

Diezmanns Grabdeckel, der die Sprengung der Paulinerkirche am Donnerstag, 30. Mai 1968, um 9.58 Uhr überstand, hat nun, nach einer kurzen Karriere als Fahrradständer, im Seitenschiff der Thomaskirche seine letzte Ruhe gefunden. Und darüber freut sich Sylvia Kolbe jedes Mal, wenn sie dem Gotteshaus einen Besuch abstattet.

Eva-Maria Bast

....

So geht's zur Grabstätte:

Sie befindet sich in der Thomaskirche im linken Seitenschiff in der Nordwest-Ecke.

Lindenau-Experte Rainer Müller kennt die blutige Geschichte, die sich 1931 an dieser Ecke abgespielt hat.

Epa-Ecke

28

Blutiger Streit vor dem Kaufhaus

Nichts erinnert hier an den blutigen Samstag im August 1931, als ein junger Maurer seinen politischen Einsatz mit dem Leben bezahlte. Doch an dieser Straßenecke im Leipziger Westen, benannt nach dem Lebensmittelgeschäft Epa (Einheitspreis Aktiengesellschaft), das sich hier einst befand, eskalierte am 15. August 1931 die Feindschaft zwischen Anhängern der Kommunistischen Partei Deutschlands (KPD) und der Sozialistischen Arbeiter-Jugend (SAJ). Junge Sozialdemokraten wurden mit Messerstichen verletzt, einer von ihnen, Max Warkus (1914-1931), tödlich.

Rainer Müller weiß, wie es so weit kommen konnte: „Zwei Mitglieder der SAJ, einer von ihnen hieß Georg Baumgärtel, wollten damals Flugblätter gegen die Politik der KPD verteilen. Die Kommunisten hatten bei dem vorangegangenen Volksentscheid zur Auflösung des Preußischen Landtags gemeinsame Sache mit der NSDAP gemacht", erzählt der Lindenau-Experte. In den Augen der SPD und ihrer Jugendorganisation SAJ betrieb die KPD damit gemeinsam mit Nationalsozialisten den Niedergang der Weimarer Republik. Und das wollten die Sozialdemokraten mit ihren Flugblättern anprangern.

Den jungen Sozialdemokraten wurde zum Verhängnis, dass sie sich für ihre Aktion bewusst die Epa-Ecke ausgesucht hatten, die bekanntermaßen fest in der Hand der Kommunisten war. Es ging um mehr als das Verteilen von bedruckten Zetteln, nämlich darum, wer dort vor Ort politisch agieren und das Territorium kontrollieren durfte. Es kam, wie es kommen musste. Schon kurz nachdem Georg Baumgärtel und sein Mitstreiter die ersten Flugblätter verteilt hatten, wurden sie von skandierenden Kommunisten bedrängt. „Insbesondere Mädchen und junge Frauen beschimpften die beiden nach Zeugenaussagen lautstark. Einer der Kommunisten soll gerufen haben: ‚Hier werden keine sozialdemokratischen Flugblätter verbreitet. Die rote Epa-Ecke ist unser. Wir werden euch wegbringen, und wenn einer von euch liegen bleibt!'", berichtet Rainer Müller von dem Zusammenstoß.

Erst blieb es bei Wortgefechten, dann wurde es handgreiflich. Als die aufgebrachten Kommunisten den SAJ-Mitgliedern die Flugblätter aus der Hand reißen wollten und einer von ihnen mit einem Schlagring in Baumgärtels Gesicht zielte, wollte der mit seiner Pfeife die Schutzorganisation „Reichsbanner" zu Hilfe holen. Was dann gegen 15 Uhr geschah, schilderte die *Leipziger Volkszeitung (LVZ)* zwei Tage später so: „Da stach einer der Mordbuben auch schon auf ihn [Baumgärtel] ein […]. Er lief hinter dem ausreißenden Messerstecher, bekam ihn auch zu fassen. Doch in demselben Augenblick kamen auch schon Deckungskolonnen der Kommunisten herbei, die den Täter wieder befreiten, indem sie Baumgärtel verprügelten."

Baumgärtel überlebte die Messerattacke, doch Max Warkus, der 17-jährige Ortsvereinsvorsitzende der SAJ-Gruppe Lindenau II, hatte

Pech. Er wurde in dem Handgemenge durch einen Lungenstich getötet. „Schorsch, sie haben mich gestochen", soll er noch zu Baumgärtel gesagt haben, bevor er bewusstlos zusammensackte.

Der Täter entkam zunächst, doch die Polizei konnte ihn schnell ermitteln. „Es ist der 18 Jahre alte Arbeiter Martin Kroll aus der Gundorfer Straße 24, wo er in der Obhut seines Pflegevaters, des ehemaligen kommunistischen Landtagsabgeordneten Georg Schwarz, jetzt Angestellter der Kommunistischen Partei in Leipzig, aufwuchs", berichtete die *LVZ*. Der Stiefsohn eines prominenten Kommunisten hatte auf offener Straßen einen politischen Gegner getötet. Das gab der Bluttat an der Epa-Ecke zusätzlich Brisanz und vergiftete die Stimmung zwischen den Lagern noch weiter.

Der verbitterte Kampf der Parteiorganisationen wird selbst in den zahlreichen Todesanzeigen für Max Warkus weitergeführt. „Durch feige kommunistische Mörderhand fiel im Kampfe für die Interessen der Arbeiterbewegung unser lieber, hoffnungsfroher Sohn und Bruder Paul Max Warkus im blühenden Alter von 17 ½ Jahren", trauerte die Familie Warkus in der *LVZ* vom 17. August 1931. Mit ähnlicher Wortwahl beklagten auch die Sozialistische Arbeiterjugend, die Baugewerkschaft Leipzig, die SPD-Schutz- und Jugendorganisationen und die Sozialistische Proletarierjugend Leipzig-West dessen Tod.

„10.000 Personen kamen laut damaligem Polizeibericht zu Warkus' Beerdigung. Eine eigens gedruckte Postkarte erinnerte an den neuen Märtyrer", erzählt Rainer Müller. Und heute? Heute ist der Tatort von damals eine Hausecke wie jede andere. Wer nicht mit Menschen wie Lindenau-Kenner Müller unterwegs ist, ahnt nicht, was sich hier im August 1931 abgespielt hat.

Heike Thissen

So geht's zur Epa-Ecke:

Die Epa-Ecke, an der Max Warkus ermordet wurde, befindet sich dort, wo die Merseburger Straße auf die Lützner Straße trifft.

29

Fahnenmast

Zugang zur grünen Lunge der Stadt

D ieses Relikt scheint eindeutig aus der Zeit gefallen zu sein. Am Ende der Rosentalgasse steht ein zwölf Meter hoher Fahnenmast auf einem Steinsockel mit Kunstgussgittern auf beiden Seiten. Ihn ziert ein blattvergoldeter Lorbeerkranz mit einem Leipziger Löwen in der Mitte. „Das war aber längst nicht immer so", sagt Dr. Roland Klemm vom Bürgerverein Waldstraßenviertel. „Was wir heute sehen, ist nur ein Teil der ehemaligen Anlage. Deshalb assoziiert kaum jemand den Fahnenmast mit dem dahinter liegenden Rosental. Dabei gehören die beiden zusammen."

Einst befand sich hier das Rosentaltor, eines von sieben 1777 errichteten äußeren Toren. Diese einfach gestalteten Durchlässe waren notwendig geworden, nachdem Leipzig sich wegen des starken Bevölkerungswachstums über seine Stadtmauern hinaus ausgedehnt hatte. Doch in der zweiten Hälfte des 19. Jahrhunderts wurden auch sie nutzlos, weil das Wachstum der Stadt vor ihnen nicht Halt machte. Über einen Dammweg spazierten die Leipziger ab Ende des 18. Jahrhunderts von hier bis hinaus ins Dörfchen Gohlis. Später ließ Ratsgärtner Rudolph Siebeck (1812-1878) eine parkähnliche Gestaltung mit lockerem Wegenetz und Gehölzen anlegen. „Spätestens von da an war das Areal ein Treffpunkt für Intellektuelle und Künstler", erklärt Klemm.

Zu den Menschen, die Zerstreuung im Rosental suchten, gehörten unter anderem der Philosoph Gottfried Wilhelm Leibniz (1646-1716), von dem überliefert ist, dass er hier bei Spaziergängen seine Gedanken ordnete. Auch von dem aus Frankfurt stammenden Jurastudenten Johann Wolfgang Goethe (1749-1832) sind Aufenthalte verbürgt, unter anderem dadurch, dass er in einen der Lindenbäume seinen und den Namen seiner Freundin ritzte, wie in *Dichtung und Wahrheit* nachzulesen ist. Sein späterer Dichterfreund Friedrich Schiller (1759-1805) spazierte am liebsten frühmorgens durch das Rosental und wartete auf gute Einfälle. Ihm gleich taten es der Schriftsteller Johann Gottfried

Für Dr. Roland Klemm ist der Fahnenmast am Rosental unter anderem eine Erinnerung daran, welche bedeutenden Persönlichkeiten hier einst vorbeiflanierten.

Seume (1763-1810), der Philosoph Friedrich Nietzsche (1844-1900) und der Schriftsteller Theodor Fontane (1819-1898). Ihnen allen war das Rosentaltor als offizieller Zugang vertraut.

Zu der historischen Anlage kamen zwischen 1850 und 1855 links und rechts Torhäuser und der Fahnenmast hinzu. Im Gegensatz zur heutigen Ausführung bestand dieser Mitte des 19. Jahrhunderts noch aus einem hölzernen Mast auf einem Schaft aus Elbsandstein, doch diese Konstruktion bot zu wenig Stabilität. Er neigte sich schon wenige Jahrzehnte später bedenklich zur Seite und musste dringend saniert werden, wie aus diversen Schriftwechseln hervorgeht, die im Stadtarchiv erhalten sind. Architekt August Hermann Schmidt (1858-1942) reichte den Vorschlag ein, dem der Stadtrat 1892 nach langen Überlegungen zustimmte – aus Kostengründen. Künftig bestand der Schaft im oberen Bereich nur noch aus Gusseisen, ebenso wie die rund sieben Meter hohe Fahnenstange. Der verbliebene Naturstein wurde ausgebessert, das Wappentier an der Spitze durch eine Version aus Kupfer ersetzt. Die Arbeiten schlugen mit 1.023 Mark zu Buche.

„Wenn man von der Stadt über die Rosentalgasse hinausspaziert ist, hatte man die ganze Zeit einen tollen Blick auf die Säule und das Grün dahinter. Das kann man sich heute nur schwer vorstellen, weil die Emil-Fuchs-Straße und die umliegende Bebauung samt ihrer geparkten Autos das Tor optisch vom Park trennen", bedauert Roland Klemm. Bis 1989 ließ sich der historische Zusammenhang zwischen dem Fahnenmasten und dem „Tor" zum Rosental noch einigermaßen nachvollziehen. Dann wurde auch das westliche von einst zwei Torhäusern abgerissen, und seither stehen Fahnenmast und Gitter allein da und werden viel zu wenig beachtet.

Heike Thissen

....

So geht's zum Fahnenmast:

Der Fahnenmast mit seinen Gittern steht am Ende der Rosentalgasse an der Einmündung zur Emil-Fuchs-Straße.

Bernd Weinkauf kann erklären, warum es sich beim Hufeisen an der Nikolaikirche um ein echtes Leipziger Wahrzeichen handelt.

Hufeisen

Wichtige Information für wandernde Gesellen

Die Nikolaikirche ist vor allem für ihre Rolle bekannt, die sie während der Friedlichen Revolution in der DDR im Herbst 1989 spielte. Ab November 1982 hatten hier Friedensgebete stattgefunden, aus denen später die gegen das Regime gerichteten Montagsdemonstrationen entstanden. Am Ende waren es mehr als 100.000 Menschen, die in der Stadt für die demokratische Veränderung in der DDR auf die Straßen gingen und schließlich mit dem Mauerfall ihr Ziel erreichten. Das Gotteshaus selbst und die auf seinem Hof aufgestellte Nikolaisäule von Bildhauer Markus Gläser halten die Erinnerung daran aufrecht. Bei so viel historischer Bedeutsamkeit verwundert es nicht, dass andere unscheinbarere Details an der ältesten Kirche des Stadtzentrums unbeachtet bleiben – erst recht, wenn sie in den Geschehnissen von 1989 keine Rolle spielten. Eines dieser Relikte ist ein geheimnisvolles Hufeisen, das hinter einem schmiedeeisernen Gitter an der Ostseite der Kirche angebracht ist.

Bernd Weinkauf kennt drei Erklärungen dafür, warum der schwarze Pferdeschuh dort zu finden ist – zwei, die sich schnell als spannende Legenden enttarnen lassen, und eine, die der vergleichsweise schnöden Wahrheit entspricht. Er erzählt: „Ursprünglich befand sich an der Stelle, wo jetzt Leipzig steht, eine slawische Siedlung. Dort hätten alle froh, glücklich und zufrieden leben können, wenn da nicht der Drache gewesen wäre, der in dem sumpfigen Gebiet hauste." Als ihm alle Tiere geopfert worden waren, kamen die holden Jungfrauen der Siedlung an die Reihe. „Nun entschied aber das Los, dass ausgerechnet die Tochter des Königs die Blutlust des Ungeheuers stillen sollte", erklärt Weinkauf. Doch den Tod der liebreizenden Ankomarinde vereitelte niemand Geringerer als Ritter Georg, der Drachentöter. Als Georg jedoch auf seinem Ross angaloppiert kam, um dem Drachen die Lanze in den Bauch zu rammen, merkte er plötzlich, dass sein Pferd lahmte. Es hatte eines seiner Hufeisen verloren. In allerletzter Sekunde gelang es ihm trotzdem, dem Drachen den Todesstoß zu versetzen", bringt Bernd Weinkauf die Sage zu ihrem glücklichen Ende. Wobei – am Schluss kommt noch die Pointe mit dem Hufeisen. Als Lohn für seine Mühen wünschte sich der edle Rittersmann nämlich weder die Hand der Prinzessin noch Gold oder Edelsteine, sondern nur, dass sein Pferd neu beschlagen werde. Beeindruckt von so viel Bescheidenheit, verabschiedeten die Menschen ihren Helden und machten sich anschließend auf die Suche nach dem verlorenen Hufeisen. „Sie fanden es und befestigten es erst an ihrer Stammeslinde, und später, als die fränkischen Siedler nach Leipzig kamen, die Linden fällten und eine Stadt mit einer Kirche errichteten, brachten sie das Hufeisen hier an der Außenfassade an."

So schön die Geschichte auch sein mag, natürlich ist kein Wort davon wahr. Es war der Dichter Widar Ziehnert (1814-1839), der sie 1838 in seinem Band *Sachsens Volkssagen* in 228 Versen aufschrieb, nachdem sie bereits jahrhundertelang von Generation zu Generation mündlich weitergegeben worden war. Auch die Version von Literaturhistoriker Johann Georg Theodor Grässe (1814-1885), der in seinem

Sagenschatz des Königreichs Sachsen 36 Jahre nach Ziehnert erklärte, das Hufeisen stamme vom Pferd des Markgrafen zu Thüringen und Sachsen, Dietrich III. (1260-1307), entspricht zwar in einigen Teilen den historischen Gegebenheiten. Was das Hufeisen angeht, so hilft aber auch sie bei der Suche nach der Wahrheit nicht wirklich weiter. In dieser Geschichte muss der tapfere Fürst, auch Diezmann genannt, trotz größter Gefahr für Leib und Leben im Dezember 1307 drei heilige Messen besuchen, um Buße für eine von ihm begangene Sünde zu tun. Und als er bei einem dieser Ausflüge von einem vermummten Reiter angegriffen wird, gibt er seinem Pferd die Sporen, das daraufhin davonjagt und eines seiner Hufeisen gegen die Nikolaikirche schleudert. Die Flucht bringt ihm nichts, er wird trotzdem in derselben Nacht in der Thomaskirche erstochen (siehe Geheimnis 27).

„Das Hufeisen ist sowieso viel zu groß für ein echtes Pferd", räumt Bernd Weinkauf mit den Sagen und Legenden auf. „Tatsächlich erinnert es als letztes Überbleibsel seines Grabmals an einen Hufschmiedemeister, der um das Jahr 1450 verstorben ist. Es handelt sich vermutlich um das Zunftzeichen und gehörte früher zu den Wahrzeichen von Leipzig, wobei das Wort *Wahrzeichen* einen beträchtlichen Bedeutungswandel erfahren hat." In Zeiten, als Handwerksburschen noch durch die Gegend zogen, diente das Hufeisen als Wahrzeichen – also als Beweismittel dafür –, ob jemand wirklich in Leipzig gewesen war. „Die Meister konnten die Burschen damit auf die Probe stellen: ‚Wie geht denn die Geschichte mit dem Hufeisen? Und wo findet man es?', konnten sie fragen und somit testen, ob der Geselle tatsächlich hier gewesen war. Die Geschichte mit dem Hufeisen, die kannten nur die Eingeweihten", schließt der Leipziger.

Heike Thissen

....
So geht's zum Hufeisen:

Das Hufeisen ist an der östlichen Außenfassade der Nikolaikirche angebracht.

Sockel

Das tragische Ende der Manon Lescaut

„Ich habe mich einfach gefragt, was da mal drauf stand", sagt Daniela Neumann und lehnt sich im Palmengarten gegen den hüfthohen Sockel. Die Neugier der Gästeführerin lässt sich ganz und gar nachvollziehen. Schließlich fristet der leere Steinsockel heute ein weitgehend vergessenes Dasein. Vor rund 100 Jahren hingegen sind viele Spaziergänger vor ihm stehen geblieben und haben die Figur bewundert, die er trug. „Auf diesem Sockel stand früher eine Bronzestatue von Manon Lescaut", berichtet sie.

Manon Lescaut war keine reale Figur, sondern der Fantasie des Schriftstellers Antoine-François Prévost d'Exiles (1697-1763) entsprungen. Der italienische Komponist Giacomo Puccini (1858-1924) verhalf dem Werk durch seine nach der Protagonistin benannte Oper zu Berühmtheit: Manon Lescaut ist eine Frau, die sich selbstbewusst gibt, Luxus liebt und der Reichtum wichtiger ist als wahre, tiefe Gefühle. Allein – Manon Lescaut stirbt in der Wüste, in Verbannung. Immerhin haucht sie ihr Leben in den Armen ihres Geliebten, Des Grieux, aus.

Dass auf diesem Sockel einmal die betreffende Opernheldin stand, hat Daniela Neumann bei Recherchen im Stadtgeschichtlichen Museum der Stadt Leipzig herausgefunden. In dessen Objektdatenbank entdeckte sie ein Foto aus dem Palmengarten, das ebenjenen Sockel mit der Figur der Manon Lescaut zeigt. „Der Palmengarten wurde 1899, sechs Jahre nach der Uraufführung der Oper *Manon Lescaut*, eröffnet, also gibt es da schon einen klaren zeitlichen Bezug", erläutert sie. „Die Oper war um die Jahrhundertwende sehr populär."

Die Skulptur wurde von dem französischen Bildhauer Antonin Mercié (1845-1916) geschaffen. Das Ende der bronzenen Manon Lescaut war zwar ebenso tragisch wie das bei Puccini, es waren jedoch keine liebevollen Arme, die sie umfingen: Die Figur fiel den Metallsammlungen des Zweiten Weltkriegs zum Opfer. Sie wurde einfach von ihrem Sockel gerissen und eingeschmolzen, ebenso wie viele

Daniela Neumann lehnt sich an den Sockel im Palmengarten.
Sie weiß, wer früher einmal darauf stand.

andere Leipziger Denkmäler und Gedenktafeln. Man brauchte das Material, um es in Kanonenkugeln umzuwandeln. Darüber ist in der Stadtchronik nachzulesen: „Im Rahmen der Metallspende des Deutschen Volkes an den Führer ist im Frühjahr 1940 beschlossen worden, auch die öffentlichen Denkmäler aus Bronze oder Kupfer für die Rohstoffversorgung zur Durchführung des Krieges zur Verfügung zu stellen. Da der Führer bestimmt hat, daß die Ablieferung durch die Gemeinden selbst erfolgen soll, wurde zunächst der Bestand der Bronzedenkmäler überprüft und das Ergebnis dann der Landesregierung vorgelegt." Die „Figur der Manon Lescaut im Palmengarten von Mercié, 1900" stand in der Liste gleich an zweiter Stelle.

„Der Palmengarten wurde 1899, sechs Jahre nach der Uraufführung der Oper ‚Manon Lescaut‘, eröffnet, also gibt es da schon einen klaren zeitlichen Bezug."

Insgesamt wurden in Leipzig 30 Denkmäler für diesen Zweck abgebaut. Der steinerne und deshalb für Rüstungszwecke nicht verwendbare Sockel blieb allerdings erhalten und ist so zu einem wichtigen Mahnmal geworden, das an all die metallenen Figuren erinnert, die – einst im Geiste der Kunst und der Schönheit geschaffen – zweckentfremdet wurden und die schlimmste Bestimmung überhaupt fanden: Menschen zu töten.

Eva-Maria Bast

So geht's zum Sockel:

Er befindet sich im Palmengarten in Lindenau. Von der Jahnallee kommend, dem großen Hauptweg folgen und in Höhe der großen Wiese nach links abbiegen. Nach ca. 100 Metern befindet sich der Sockel an einer Wegkreuzung in der Nähe des Spielplatzes.

Die Harfe in der Hand des Greifen.

Greif mit Harfe

Musik in der Hand eines Vogels

W as ist denn das für ein Vogel? Und was hält er in seinen Klauen? Das merkwürdige Relief befindet sich über einer Toreinfahrt in der Scherlstraße. Sabine Knopf, Spezialistin für das Graphische Viertel, weiß, was es damit auf sich hat. „Das war der Sitz einer Musikaliendruckerei. Die Harfe steht für die Musikalien, und der Greif ist das Symbol für die Drucker", erklärt sie. „Deshalb finden sich an vielen Stellen im Graphischen Viertel Greife."

Umrundet man das einstige Verlagsgebäude der Musikaliendruckerei Oscar Brandstetter und betrachtet es von seiner Hauptseite aus, stellt man fest: Es gibt noch mehr Fassadenschmuck, der auf die Tätigkeit des Unternehmens hindeutet. Hier finden sich Abbildungen von Notenstechern bei der Arbeit, Gutenberg als allegorische Figur für den Buchdruck, Beethoven als Vertreter der Musik.

Die Bücherstadt Leipzig sei hinsichtlich der Musikalienherstellung sehr bedeutend gewesen, erklärt Sabine Knopf: „Es gab hier vier Musikaliendruckereien. Neben *Brandstetter* waren das *C. G. Röder*, *Breitkopf & Härtel* und *Friedrich Moritz Geidel*. Zusammen haben sie zu jener Zeit 80 bis 90 Prozent des Musikalienbedarfs in der ganzen Welt hergestellt. Das war wirklich enorm."

1880 kaufte Oscar Brandstetter (1846-1915) die lithographische Anstalt Friedrich Garbrecht, Inselstraße 12, und gründete hier seinen Verlag. 1886 begann der Bau des Unternehmenssitzes. „Das Haus, wie es heute steht, wurde 1906/07 von Architekt Curt Nebel geschaffen", sagt Sabine Knopf.

Das Unternehmen war auch deshalb so gut im Geschäft, weil es in technischer Hinsicht immer auf der Höhe der Zeit oder dieser gar einen Schritt voraus war. „Die Druckerei wuchs, ihr waren zehn Verlage angegliedert, darunter im Jahre 1934 *Bernhard Tauchnitz*, *Jacob Hegner*, *Drei Masken* und der Musikverlag *Bruckner*", erläutert Sabine Knopf. 1937 habe die Firma Brandstetter fast 2.000 Beschäftigte gehabt und sei einer der bedeutendsten Musikalienverlage Deutschlands gewesen. Doch Willy Brandstetter, der Mann, der die Geschicke des Verlags während des Dritten Reichs leitete, sei „ein strammer Nazi" gewesen, „deshalb wurde der Verlag 1946 enteignet."

„Das Haus in der Dresdner Straße 11-13 wurde nach dem Zweiten Weltkrieg saniert und wird heute von der Handwerkskammer zu Leipzig genutzt", sagt Sabine Knopf. Die Firma wurde in Wiesbaden neu gegründet. In Leipzig jedoch hat der Greif ausgedient. Und die Harfe auch.

Eva-Maria Bast

So geht's zum Greif mit Harfe:

Das Haus steht in der Dresdner Straße 11-13. Der Greif sitzt aber über dem Seiteneingang in der Scherlstraße.

116

Gar nicht so einfach, die eigene Hand in eine derart klauenartige Position zu bringen wie auf der Abbildung hinter ihm, stellt Mirko Seidel fest.

33

Goldene Hand

Der Arm des Gerichts in der Wolke

D ie Hand scheint aus dem Nirgendwo zu kommen. Golden und klauenartig greift sie nach unten, so, als wolle sie den, der utner ihr durch den Torbogen geht, schnappen und nach oben ziehen. Ein wenig unheimlich wirkt das ja schon! Was aber soll diese Darstellung bezwecken? Wer würde sich solch eine klauenhafte Hand über den Eingang setzen – und sei sie noch so golden? Das hat sich Gästeführer Mirko Seidel auch gefragt. Er recherchierte und fand folgende Antwort: Das ehemalige Gasthaus in der Nikolaistraße trägt seit 1713 den Namen „Goldene Hand". Der Kaufmann, der das heutige Haus 1855 nach Entwürfen des Architekten Paul Bachmann von Maurermeister Heinrich Purfürst und Zimmermeister Robert Leideritz erbauen ließ und dessen Name immer noch an der Fassade geschrieben steht, *Johann Christian Freygang*, habe ein goldenes Händchen bei Geschäften gehabt und das, ebenso wie den Erfolg bei Messen, mit der goldenen Hand zum Ausdruck bringen wollen. Der Gästeführer hat jedoch noch eine andere These: „Die nahegelegene Nikolaikirche war die Stadtkirche der Händler und Kaufleute. Sie ist eine der ältesten Straßen in Leipzig, und wer im Mittelalter etwas auf sich hielt, wohnte wohl nahe der Kirche", sagt er. Mit diesem Wissen im Hintergrund fiel ihm plötzlich ein Detail an der Hand auf, das er zuvor nicht bemerkt hatte. „Wenn man genau hinsieht, entdeckt man, dass die Hand aus einer weißen Wolke herausgreift. Ist hier möglicherweise die Hand Gottes dargestellt?", überlegt er. Allerdings könnte es sich bei der „Wolke" auch um einen pelzbesetzten Ärmel handeln, was auf besonderen Wohlstand hinweist und obendrein Bezug zur Straße hat (siehe Geheimnis 11). Was nun letztendlich stimmt? Dieses Geheimnis bleibt fest in – goldener – Hand.

Die goldene Hand über dem Torbogen gibt Rätsel auf.

Eva-Maria Bast

So geht's zur goldenen Hand:

Sie hängt in der Nikolaistraße über dem Torbogen des Hauses mit der Nummer 16.

118

Wo heute Gosenwirt Jens Gröger sitzt, nahm zu DDR-Zeiten gern ein inzwischen sehr bekannter Russe Platz.

Ecktisch

Wladimir Putins Lieblingsplatz in Leipzig

Die Gosenschenke „Ohne Bedenken" in Gohlis gehört zu Leipzigs beliebtesten Traditionskneipen. In der holzgetäfelten historischen Gaststube schmeckt die „Gose", das obergärige, säuerliche und leicht salzige Bier, besonders süffig. Dieser Meinung war in den 1980er-Jahren wohl auch ein Mann, der es seither zu weltweiter Bekanntheit gebracht hat und bei seinen Besuchen im Biedermeierraum immer am selben Ecktisch Platz nahm.

„Damals waren hier oft russische Offiziere zu Gast. Die wohnten zwei, drei Straßen weiter in wunderschönen Villen und kamen natürlich immer in Uniform", berichtet Jens Gröger. Der heutige Inhaber der Gosenschenke stand damals zwar noch nicht hinter dem Tresen, kennt sich aber trotzdem gut mit der Geschichte der Gaststätte aus. „In der Regel waren das große, kräftige Russen. Aber ab und zu brachten sie einen kleineren Kerl im Anzug mit. Der sah ziemlich unscheinbar aus und hat sich immer dort in die Ecke gesetzt." Der 1,70 Meter große Mitdreißiger sei weder durch besonders übermäßigen Bierkonsum noch sonst irgendwie aufgefallen. „Vor einigen Jahren haben wir dann auf einmal festgestellt, dass wir damals Wladimir Putin, den heutigen russischen Präsidenten, als Stammgast hatten", sagt Gröger.

Wladimir Putin war von 1985 bis 1990 als Agent des russischen Geheimdienstes KGB in Dresden stationiert. Dort lebte er mit seiner Familie in einer Plattenbausiedlung, verbrachte während dieser Jahre aber auch viel Zeit in Leipzig. „Wenn er bei uns war, bestellte er meistens ein Gericht, das wir heute noch auf der Speisekarte haben und das *Cajaris Liebling* heißt. Das ist ein Schweinesteak mit heißer Leberwurst und Bratkartoffeln", beschreibt Gröger die kulinarischen Vorlieben des Mannes, der 1985 als Hauptmann in die DDR gekommen war und 1990 als Oberstleutnant nach Russland zurückkehrte. Der Name für Putins Leibspeise stammt vom ersten Gosewirt Carl Cajeri, der die Gaststätte 1899 eröffnete. „Bis 1905 baute er sie zur größten Gosenschenke in Leipzig aus", sagt der Geschäftsführer über die Anfangsjahre. Dass die Gose trotz ihrer ungewöhnlichen Trübung schon damals von sehr guter Qualität war, verhalf dem Betrieb zu seinem Namen. Denn ein Kellner namens Karl Schmidt soll immer, wenn einer der Gäste fragte, ob das Bier denn wirklich noch genießbar sei, geantwortet haben: „Ohne Bedenken!" Die Gose war das am meisten getrunkene Bier in der Messestadt.

„Unsere Gose ist ein obergäriges, leicht säuerliches Bier, das seinen besonderen Geschmack durch den Zusatz von Kochsalz und Koriander erhält. Außerdem steckt ein hoher Anteil an biologischer Milchsäure darin. Damit entspricht sie unter keinen Umständen dem deutschen Reinheitsgebot. Aber das stört weder uns noch unsere Gäste", erzählt Gröger schmunzelnd. Ursprünglich stammt die Bierspezialität aus Goslar in Niedersachsen und trägt denselben Namen wie das Flüsschen, das durch die Stadt fließt. Sie gehört zu den ältesten Biersorten der Welt. Seit 1738 wurde sie auch in Leipzig getrunken und erfreute sich im Lauf der Jahrzehnte immer größerer Beliebtheit. Dementsprechend gut besucht war von Anfang an auch die Schenke „Ohne Bedenken". Und dennoch geriet sie zusammen mit ihrem Verkaufsschlager im 20. Jahrhundert in Vergessenheit.

„Bei einem Luftangriff im Dezember 1943 wurde die Gaststätte weitgehend zerstört, nur die Biedermeierstube blieb erhalten", erzählt der heutige Gosewirt. Die Inneneinrichtung wurde ausgebaut, als das Lokal 1958 schloss, weil im selben Gebäude eine soziale Einrichtung einziehen sollte. Später dienten die ehemaligen Gasträume als Bibliothek und als Röntgenstelle. Gröger erkennt Parallelen zwischen der Geschichte seiner Gaststätte und der des Brauereiproduktes: „Auch mit der Gose ging es in jenen Jahren steil bergab. Das ehemals so beliebte Bier geriet weitgehend in Vergessenheit, und als 1966 die Gose-Produktion in der Stadt eingestellt wurde, schloss auch der letzte Ausschank in der heutigen Wintergartenstraße."

Es war der Leipziger Lothar Goldhahn, der beide – Bier und Bierstube – wieder aus der Versenkung holte. Nachdem er 1983 einen Artikel über die Gose gelesen hatte, beschloss er, den Räumen wieder zur ihrer früheren Pracht zu verhelfen. Nach umfangreichen Bauarbeiten eröffnete am Dienstag, 13. Mai 1986, die Gosenschenke „Ohne Bedenken" erneut. Das Bier kam aus Berlin, die Gäste aus der ganzen DDR und seit der Wende aus der ganzen Welt. Erst seit 1999 wird auch an der Weißen Elster wieder Gose gebraut, anfangs nur im Bayerischen Bahnhof, heute auch in der Menckestraße 5.

Die Gose, die Wladimir Putin bei seinen Besuchen in den 1980er-Jahren am Ecktisch auf dem Podest trank, unterschied sich in ihrem Geschmack nicht von der, die Gäste auf seinem ehemaligen Stammplatz heute serviert bekommen. Leipzig und die Welt hingegen haben sich seit jenen Jahren grundlegend verändert.

Heike Thissen

....

So geht's zum Ecktisch:

Der Tisch, an dem Putin seinen Stammplatz hatte, steht in der historischen Gaststube der Gosenschenke „Ohne Bedenken", Menckestraße 5. Es ist der Tisch auf der Empore links hinten in der Ecke.

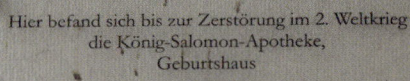

Hier befand sich bis zur Zerstörung im 2. Weltkrieg
die König-Salomon-Apotheke,
Geburtshaus
von

Christiane Benedikte Naubert

geb. Hebenstreit
(1752 - 1819)

Schriftstellerin und Dichterin

Begründerin des
modernen historischen Romans ab 1785

Märchensammlung
Neue Volksmärchen der Deutschen 1789 - 1792

Gestiftet von Thomas Hoffmann, Leipzig

*Die Geschichte der Frau, an die diese Gedenktafel erinnern soll,
ist weitgehend in Vergessenheit geraten.*

35

Gedenktafel

Begründerin des modernen historischen Romans

„Wie schade", sagt Sylvia Kolbe und berührt die Gedenktafel, die seit 2013 an der Hauswand hängt. „Wie schade, dass quasi kaum jemand diese Tafel wahrnimmt. Und wie schade, dass auch diese Schriftstellerin in Vergessenheit geriet. Die Leipzigerin Christiane Benedikte Naubert ist die Begründerin des modernen historischen Romans, und ihre Romane waren in ihrer Zeit Bestseller. Sie hat im Vorgängerbau dieses Hauses gelebt."

Marion Beaujean unterstreicht in der *Neuen Deutschen Biographie* die Bedeutung, die Sylvia Kolbe der Schriftstellerin Benedikte Naubert

(1752-1819) beimisst, und erklärt, dass sie „einen indirekten Einfluß auf Stoffaufbereitung und Erzählstruktur historischer Romane" ausübte. Denn die Autorin habe „ein neues Verhältnis zwischen Geschichtsschreibung und Phantasie [entwickelt], indem sie eine erfundene ,private Geschichte' vor dem Hintergrund der Weltereignisse inszenierte und beides auf besondere Weise miteinander verband". Diese „Aufhebung der Grenzen zwischen Geschichtsschreibung, Familienroman und Märchen" habe „eine wesentliche Bereicherung für die Entwicklung nicht nur des historischen Romans im 19. Jh." bedeutet. „Einige Autoren, wie Achim v. Arnim, Friedrich de la Motte Fouqué, Matthew Gregory Lewis und Sir Walter Scott beriefen sich direkt auf N.; ihr Einfluß läßt sich – in unterschiedlicher Richtung – bis zu den ,Professorenromanen' des 19. Jh. einerseits, den ,Fantasy Stories' des 20. Jh. andererseits verfolgen."

Umso bedauerlicher, findet Sylvia Kolbe, dass das Werk der Benedikte Naubert so sehr aus dem Bewusstsein verschwand. Doch sie tut viel, um die Autorin dem Vergessen zu entreißen: Sylvia Kolbe besitzt etliche ihrer historischen Romane – sie hat sie sich antiquarisch besorgt und in mühevoller Arbeit seit 2006 ein Buch nach dem anderen abgetippt. „Ihr erster historischer Roman erschien 1785, da war Benedikte Naubert 33", sagt sie. „Allerdings hat sie ihre Werke lange nicht unter ihrem eigenen Namen veröffentlicht: Sie hat anonym geschrieben, denn eine Frau, die Bücher schreibt, war zu dieser Zeit verpönt", erläutert die Gästeführerin. Franz Brümmer schreibt in der *Allgemeinen Deutschen Biographie*: „Bis fast an das Ende ihres Lebens war ihr eifriges Bestreben, sich in eine dunkle Anonymität zu hüllen, von einem glücklichen Erfolge gekrönt; erst ihren Roman ,Rosalba' (II, 1817) unterzeichnete sie mit ihrem Namen." Allerdings nicht ganz freiwillig: Ohne Absprache mit ihr war ihre Identität 1817 in der *Zeitung für die elegante Welt* gelüftet worden. Damit wusste alle Welt, dass eine Frau die berühmten Bestseller schrieb, die auch ins Französische, Englische und weitere europäische Sprachen übersetzt worden waren. Eine Frau, die einer Professorenfamilie entstammte und eine gute Bildung mitbekam.

„Ihr Vater, Dr. Johann Ernst Hebenstreit, war Medizinprofessor an der Leipziger Universität. In Professorenfamilien wurde Wert auf die Bildung auch von Töchtern gelegt. Er starb allerdings recht früh, im Dezember 1757. Als Stadtarzt von Leipzig hatte er sich in den Hospitälern des Siebenjährigen Krieges angesteckt", erzählt Sylvia Kolbe. Doch ihre Stiefbrüder sorgten dafür, dass sie weiterhin Bildung erhielt. Wie Brümmer schreibt, habe einer von ihnen, ein späterer Theologieprofessor, sie „sogar in die alten classischen Sprachen, in die Philosophie und Geschichte" eingeführt. Die Mutter kümmerte sich darum, dass sie eine für Mädchen typische Ausbildung erhielt: „Die vaterlose Waise wurde von einer trefflichen Mutter in allen damals üblichen weiblichen Arbeiten, vorzüglich im Sticken unterrichtet, worin sie es zu einer solchen Geschicklichkeit brachte, daß sie ganze Gegenden mit leichter Mühe mit der Nadel aufnahm", so Brümmer. Die Mutter sorgte auch dafür, dass Benedikte Klavier und Harfe lernte.

„Ihr erster historischer Roman erschien 1785, da war Benedikte Naubert 33."

Benedikte Naubert – Naubert ist der Name ihres zweiten Gatten, ihr erster Mann war nach sechs Jahren Ehe verstorben – schrieb Zeit ihres Lebens. Auch als sie alt und fast blind war. Da diktierte sie ihre Romane. Ihre letzten Tage verbrachte sie in Leipzig: „Im Herbste 1818 siedelte sie nach Leipzig über, um sich hier auf eine Operation an den Augen vorzubereiten. Eine Erkältung, die sich zunächst in einer rheumatischen Hals- und Brustentzündung äußerte, ging schnell in Lungenlähmung über, und schon nach vier Tagen machte der Tod am 12. Januar 1819 ihrem Leben ein Ende", schreibt Brümmer. Als sie ihre letzten Atemzüge tat, hatte sie mehr als 80 Bücher geschrieben oder aus dem Englischen und Französischen übersetzt.

Eva-Maria Bast

So geht's zur Gedenktafel:

Sie befindet sich in der Grimmaischen Straße, am Haus mit dem Fürstenerker, direkt neben dem Hansahaus (Grimmaische Straße 15).

Auf der Wiese, auf der Daniela Neumann steht, befand sich einst ein prachtvolles Gesellschaftshaus.

Wiese

36

Prunkvolle Feste im Palmengarten

Wenn Daniela Neumann die Augen schließt, kann sie es regelrecht vor sich sehen: das prachtvolle Gebäude mit den hohen Ecktürmen, das halbrunde, repräsentative Fensterelement in der Mitte, die gepflegte Gartenanlage davor, in der Damen in eleganten bodenlangen Kleidern an den Armen ihrer Begleiter in Gehrock und mit Stock spazieren gehen. „Eine Szenerie, die sich beim Anblick der großen, schlichten Wiese heute nur schwer vorstellen lässt", findet die Leipzigerin. Dort, wo sich heute die Grünfläche erstreckt, befand sich einst das Gesellschaftshaus.

„Im Jahr 1896 schlossen sich etwa 60 begüterte Leipziger auf Initiative des damaligen Bürgermeisters Otto Georgi zu einer Interessengemeinschaft zusammen, um einen Palmengarten nach Frankfurter Vorbild anzulegen", schildert sie und fährt fort: „Ziel war, in einem schönen Park ein repräsentatives Gebäude zu errichten, dem ein Glashaus für Palmen und andere exotische Pflanzen angegliedert ist." Aus der Interessengemeinschaft sei dann eine Aktiengesellschaft geworden, die das Gelände pachtete und in südlicher Richtung durch den Ankauf des Ritterwerders erweiterte. „Das war ein riesiges Areal, das sich, wie heute im Grunde auch wieder, von der Jahnallee, damals Frankfurter Straße, bis zur Karl-Heine-Straße, damals Plagwitzer Straße, erstreckte", verdeutlicht Daniela Neumann die Dimension der Parkanlage. „Und auch das Gesellschaftshaus hatte mit seinem Grundriss von 20 mal 20 Metern und den rund 30 Meter hohen Türmen beeindruckende Ausmaße."

Durch eine 15 Meter hohe Glasscheibe habe man vom zentralen Saal des Gesellschaftshauses in ein 1.280 Quadratmeter großes Gewächshaus schauen und die exotischen Pflanzen bewundern können. „Gegen Eintritt konnte man auch in dem Palmenhaus herumwandeln", hat Daniela Neumann herausgefunden. „Im Gesellschaftshaus gab es mehrere Säle, in denen zum Beispiel auch viele Firmen ihre Jubiläen gefeiert haben. Ich vermute, jeder Leipziger, der damals hier gewohnt hat, war mal hier, sei es privat oder auf einer offiziellen Feier." Das Gesellschaftshaus war aber nicht die einzige Attraktion im Park. Daniela Neumann zählt auf: „Es gab noch ein weiteres Restaurant, einen Konzertpavillon, außerdem eine künstlich angelegte Grotte mit Wasserfall, einen Teich, auf dem man im Sommer Boot fahren und im Winter Schlittschuh laufen konnte, und natürlich im ganzen Park aufwendig gestaltete Gartenanlagen mit Bänken zum Verweilen."

Für die Leipziger war der Palmengarten, in dem sich das Gesellschaftshaus befand, ein beliebtes Ausflugsziel. *Wir geh'n nach Lindenau, da ist der Himmel blau*, heißt es in einem Lied, denn zu jener Zeit der Industrialisierung war die Stadt eine Großbaustelle. „Neben einer Vielzahl von Fabriken wurde in der Innenstadt ein Messepalast nach dem anderen gebaut, sodass man sozusagen den Himmel nicht mehr sehen konnte", hat die Gästeführerin recherchiert.

Und was wurde aus all der Pracht? Gut spazieren gehen kann man im Palmengarten auch heute, aber von den historischen Gebäuden ist nichts mehr zu sehen. „Auf dem Gelände sollte 1940 eine große Gutenberg-Reichsausstellung stattfinden." Daniela Neumann zeigt den Entwurf der neuen Ausstellungsanlage. „Deshalb wurde das Gesellschaftshaus 1939 abgerissen. Das war für die Leipziger schon ein großer Verlust", sagt sie und zieht eine Postkarte hervor, auf der man etwas von der einstigen Pracht sehen kann. Über 200 Stück hat sie vom Palmengarten bereits gesammelt. Darunter auch eine, die ein Gärtnergeselle verfasst hat, der dort arbeitete: „Anbei

„Auf dem Gelände sollte 1940 eine große Gutenberg-Reichsausstellung stattfinden. Deshalb wurde das Gesellschaftshaus 1939 abgerissen."

sende ich eine Ansicht vom Palmengarten. Bin gut angekommen. Es gefällt mir jetzt hier sehr gut. Arbeite nämlich im Park. Man verlebt hier eine schöne Zeit."

Eine schöne Zeit verlebt auch Daniela Neumann häufig im 22,5 Hektar großen Park, in dem sie sich gern aufhält. Auch wenn das Gesellschaftshaus nicht mehr steht, auch wenn die einstige prachtvolle Parkanlage sich kaum noch erahnen lässt, könne man dem Geist vergangener Zeiten zumindest auf den alten Wegen hier noch gut nachspüren, findet die Stadtführerin. Vor allem dann, wenn man ein Album voller alter Postkarten im Gepäck hat. Und sie kann sich dabei auf jeden Fall mehr entspannen als einst der Postkartenschreiber, der mitteilte: „Kann an drei Feiertagen nicht kommen. Wir arbeiten. Gearbeitet wird hier von morgens sechs bis abends sechs Uhr." Die Postkarte endet mit der Bitte: „Grüße bitte die Eltern."

Eva-Maria Bast

So geht's zur Wiese:

Sie befindet sich im nordöstlichen Teil des Palmengartens im Stadtteil Lindenau. Der Palmengarten erstreckt sich zwischen der Jahnallee und der Karl-Heine-Straße.

37

Capa-Haus

Wo das Bild des „letzten Kriegstoten" entstand

Jahnallee 61, Leipzig-Lindenau. Heute sieht hier alles so normal aus. Ein schmuckes beigefarbenes Jugendstilhaus mit vier Obergeschossen, alles frisch saniert. Es ist die Geschichte einer Balkonwohnung im zweiten Stock, die das stattliche Gebäude zu einem besonderen Haus in Leipzig macht. Und die es vor dem sicheren Abriss bewahrt hat.

Es war der 18. April 1945, drei Wochen vor Ende des Zweiten Weltkriegs, als in diesem Haus der ungarisch-amerikanische Kriegsfotograf Robert Capa (1913-1954) sein berühmtes Foto „Last man to die" („Der letzte Tote des Zweiten Weltkriegs") schoss. Das Schwarz-Weiß-Bild zeigt einen US-Soldaten, dessen lebloser Körper halb auf dem Balkon, halb auf dem Wohnzimmerboden liegt. In dem Blut, das von seinem Kopf auf den Parkettboden strömt, spiegelt sich der Himmel. „Wenige Augenblicke zuvor hatte der junge Mann noch als Maschinengewehr-Schütze auf dem Balkon gestanden und Richtung Zeppelinbrücke gefeuert, wo deutsche Soldaten den anrückenden Amerikanern Widerstand leisteten. Dann streckte ihn der Schuss eines Heckenschützen nieder", erzählt Stadtkenner Rainer Müller. Das war der Moment, in dem Robert Capa, der den Schusswechsel aus wenigen Metern Abstand verfolgt hatte, das Foto schoss.

So abwegig es für die meisten Menschen sein mag, sich als Fotograf freiwillig einer solchen Gefahr auszusetzen, so naheliegend war es für Capa. „Wenn deine Bilder nicht gut genug sind, warst du nicht nah genug dran", lautete eine seiner Berufsmaximen. Der Mann, der eigentlich André Friedmann hieß und in Budapest in eine jüdische Familie hineingeboren worden war, engagierte sich schon in jungen Jahren für die politische Linke und musste Ungarn deshalb 1931 verlassen. Er emigrierte nach Deutschland, wo er Journalistik studierte und als Fotoassistent arbeitete, bevor er über Wien und Paris nach Amerika auswanderte. Fünf Kriege dokumentierte er Zeit seines

Im Capa-Haus in Leipzig-Lindenau wurde eines der wichtigsten Fotos des Zweiten Weltkriegs aufgenommen.

Lebens aus nächster Nähe, wodurch er zu einem der herausragenden Fotografen des 20. Jahrhunderts avancierte. Das lag unter anderem an einem der ersten Fotos, die er 1936 im Spanischen Bürgerkrieg geschossen und das er „Loyalistischer Soldat im Moment des Todes" genannt hatte. Es gilt noch heute als das berühmteste Kriegsfoto der Welt, auch wenn zwischenzeitlich erwiesen scheint, dass Capa das Foto nachstellen ließ. Als die Alliierten am 6. Juni 1944, dem sogenannten D-Day, an dem „Omaha Beach" genannten Küstenabschnitt in der Normandie an Land gingen, war Capa in der ersten Reihe mit dabei, um das Geschehen in Bildern festzuhalten. Der Fotograf scheute kein Risiko, um das Grauen des Kriegs aus nächster Nähe zu dokumentieren. Dafür ist auch das Foto aus dem zweiten Stock des Capa-Hauses ein eindrücklicher Beweis.

Auch dieses Bild ging um die Welt. Zuerst druckte es das amerikanische *Life*-Magazin in seiner Mai-Ausgabe 1945 zum Kriegsende in Europa. Diese Publikation war es auch, die dem Foto den Namen gab, unter dem es berühmt wurde: „Last Man to Die" – selbst wenn das drei Wochen vor dem offiziellen Kriegsende in Europa nur ein frommer Wunsch sein konnte. Der Name des Erschossenen indes blieb lange unbekannt. „Heute wissen wir, dass der Mann auf dem Foto Raymond J. Bowman hieß und ein 21-jähriger Soldat der 2. Infanterie-Division war", erklärt Müller. Bowman wäre wie viele der mehr als 400.000 amerikanischen Weltkriegsopfer namenlos geblieben,

Die Balkone sind nicht mehr die von früher.

wenn nicht Robert Capa seinen Tod in Leipzig so verstörend professionell dokumentiert hätte – und wenn nicht eine Bürgerinitiative das Haus vor dem Abriss bewahrt hätte und dazu unbedingt den Namen des anonymen Soldaten herausfinden wollte.

Dass das Gebäude heute noch steht, ist nicht nur der Hartnäckigkeit der Initiative um den Kabarettisten Meigl Hoffmann zu verdanken, sondern auch dem Zufall. Fast wäre es Hoffmann nämlich nicht gelungen, den Standort des Hauses anhand von Capas Bilderserie zweifelsfrei zu lokalisieren. „Es gab an der vermuteten Stelle in der Jahnallee 61 zwar ein baufälliges Gebäude. Aber ein entscheidendes Detail fehlte. Dieses Haus hatte keine Balkone", berichtet Rainer Müller. Dann

> *„Wenige Augenblicke zuvor hatte der junge Mann noch als Maschinengewehr-Schütze auf dem Balkon gestanden und Richtung Zeppelinbrücke gefeuert."*

stellte sich heraus: Die Balkone waren zu DDR-Zeiten wegen Einsturzgefahr demontiert worden und fehlten deshalb. Damit war der Standort des gesuchten Gebäudes geklärt und die Initiative kämpfte erfolgreich für den Erhalt dieses geschichtsträchtigen Ortes, der mittlerweile „Capa-Haus" genannt wird.

Dass Capa sich Zeit seines Lebens an seinen Leitsatz von den guten Bildern und der Nähe zum Geschehen hielt, beweisen nicht nur das Leipziger Foto und viele andere, für die er weltberühmt wurde. Auch sein Tod zeugt von einem rücksichtslosen Einsatz für das perfekte Bild: Capa trat am 25. Mai 1954 in Vietnam auf eine Landmine, als er gerade dabei war, auch den Indochinakrieg für seine Zeitgenossen und die Nachwelt auf Film zu bannen.

Heike Thissen

···

So geht's zum Capa-Haus:

Das Capa-Haus steht in der Jahnallee 61.

Gerlinde Kämmerer mit der ersten DDR-Veröffentlichung von Lene Voigts Werken von 1983 am Lene-Voigt-Relief in der Kupfergasse.

38

Voigt-Tafel

Der Humor im tiefen Schmerz

Die Frau sitzt an einem Tisch. Sie lächelt, dennoch hat ihr Gesichtsausdruck etwas Wehmütiges. Vor ihr liegt ein aufgeschlagenes Buch neben einem Gedeck. Am Rand des Bronzereliefs eine kleine Vase und eine Inschrift: *Lene Voigt*. Die Tafel hängt so unscheinbar an der Hauswand, dass man sie erst beim zweiten oder dritten Blick entdeckt. Und wenn man sie dann bemerkt hat, fragt man sich: Wer war diese Lene Voigt? Warum hat man ihr eine Tafel gewidmet? Und weshalb schaut sie so wehmütig drein, obgleich sie doch lächelt?

Wer sich in der Mundart-Dichtung auskennt, kann mit ihrem Namen aber vielleicht etwas anfangen: Lene Voigt. Die so viele Menschen zum Lachen brachte. Die selbst oft so unglücklich war. Und deren Werke im academixer-Keller, an dem die Tafel angebracht ist, oft aufgeführt wurden.

„Das Bronzerelief *LENE VOIGT - von deinen sächsischen Kabarettisten*, gestaltet vom Bildhauer Klaus Schwabe, wurde 2011 zum 120. Geburtstag der Dichterin enthüllt", erzählt die Kulturwissenschaftlerin und Gästeführerin Gerlinde Kämmerer, die seit Anfang der 1990er-Jahre auch Führungen zu Leipzigs starken Frauen anbietet.

Geboren wird Helene Wagner, wie Lene Voigt damals noch heißt, als Tochter des Schriftsetzers Bruno Wagner im Jahr 1891 in Leipzig.

„Nach dem Besuch der Volksschule lässt sie sich auf Wunsch der Mutter am Sozialpädagogischen Seminar der Fröbelpädagogin Henriette Goldschmidt zur Kindergärtnerin ausbilden und arbeitet als Kindermädchen. Aber schon ab 1905 folgt sie ihren eigenen Interessen und ist in renommierten Leipziger Verlagseinrichtungen tätig, 1906 erscheint ihre erste Veröffentlichung", berichtet Gerlinde Kämmerer. In der Anthologie *Dichtung und Prosa Leipziger Frauen* zum 25-jährigen Bestehen des Leipziger Schriftstellerinnen-Vereins ist Helene Wagner 1914 mit Gedichten in Hochdeutsch und Mundart sowie mit einer Prosaskizze vertreten. Es ist überliefert, dass sie zum Vortrag ihrer im sächsischen Dialekt verfassten Werke selbst nicht geeignet gewesen sei, da sie reines Hochdeutsch sprach.

Sie heiratet den Musiker Otto Voigt, bekommt einen Sohn, lässt sich scheiden, und dann erfährt sie unfassbares Leid: 1924 stirbt ihr kleiner Sohn Alfred im Alter von fünf Jahren. Sie schreibt ein Gedicht: *Ä Seichling liecht im Ginderwaachen / Un nubbelt voller Wohlbehaachen. / De Leite, die vorieberjaachen, / Die missen sich ganz neidisch saachen: / So hamm mir ooch in friehsten Daachen / Dahingedeest, noch frei von Blaachen / Un Sorchen um des Maachenfraachen, / Die`s schbäte Lähm uns zugedraachen. / Drum, Seichling uff dein Unterlaachen, / Genieß dei Glick im Ginderwaachen!*

Wer würde ahnen, dass es sich bei diesen Zeilen um ein Gedicht der Trauer handelt? Das verrät nur die Notiz, die Lene Voigt auf dem Blatt hinterlassen hat: „Hier haben wir wieder mal ein, ich möchte sagen grauenhaftes Beispiel dafür, wie unser tiefster Humor aus tiefstem Schmerz geboren werden muß, denn ich verfasste dieses Gedicht-lein am – Todestage meines Jungen, abends, nachdem ich all die Stun-den vorher sterbensmelancholisch war. Da überfiel es mich, ich schrieb das Ganze wie diktiert, ohne abzusetzen und schlief still und friedvoll die Nacht darauf."

Für die Mundartdichterin, die so vielen Menschen mit ihrem Humor ein Lächeln auf die Lippen zaubert, beginnen Jahre der Wan-derschaft. An keinem Ort hält es Lene Voigt lange aus. 1929 zieht sie von Leipzig nach Bremen, dann nach Lübeck, dann nach Flensburg. Mit ihren Büchern hat sie Erfolg. Bis die Nationalsozialisten 1933 die Macht ergreifen, wird Lene Voigt gern und viel gelesen. 1936 werden ihre Bücher verboten, und die Gestapo beobachtet sie: Den National-sozialisten sind ihre Veröffentlichungen in linken und linksliberalen Zeitungen und Zeitschriften be-kannt, und Gauleiter Martin Mutsch-mann ist obendrein der Ansicht, Sächsisch sei „unheldisch".

Anrührend: die Gedenktafel für Lene Voigt.

Im gleichen Jahr lässt sich Lene Voigt in der Nervenheilanstalt Schleswig behandeln, zieht anschließend nach München, dann nach Hamburg, schließlich nach Berlin und dann wieder nach Leipzig. 1940 erfolgt eine weitere Behandlung in der Leip-ziger Universitäts-Nervenklinik.

Nach dem Zweiten Weltkrieg geraten Lene Voigts Werke in der DDR in Vergessenheit. Vom Schrei-ben kann sie nicht mehr leben, sucht und findet Arbeit bei der Lebensmit-telkartenstelle. 1946 muss sie erneut die Nervenklinik aufsuchen. Es erfolgt die Diagnose Schizophrenie, sie wird ins Bezirkskrankenhaus für Psychiatrie Leipzig-Dösen einge-wiesen (siehe Geheimnisse 15). Hier bleibt sie mit Unterbrechungen bis an ihr Lebensende, das am 16. Juli 1962 eintritt.

Dass ihre vergessenen Werke wieder bekannter werden würden, sollte sie nicht mehr mitbekommen – auch nicht, dass diese nach 1945 im Westen erfolgreich auf den Markt kamen. Neuauflagen ihrer Schriften in der DDR werden durch das ebenfalls in Leipzig geborene sächselnde Staatsoberhaupt Walter Ulbricht (1893-1973) verhindert, da alles Sächsische als Parodie auf ihn verstanden werden könnte. In den 1970er-Jahren wagt das Leipziger Kabarett „academixer" dann einen Vorstoß, interpretiert zu den Leipziger Messen im „Sender Leipzig" Werke von Lene Voigt und bringt 1980 das erste Sächsisch-Programm auf die Bühne. Erst 1983, 20 Jahre nach ihrem Tod, erscheint in der DDR erstmals eine Publikation mit Gedichten und Humoresken von Lene Voigt, mit einem Nachwort von Wolfgang U. Schütte. Heute ist sie aus dem Repertoire sächsischer Kabarettisten nicht mehr wegzudenken.

„Aber schon ab 1905 folgt sie ihren eigenen Interessen und ist in renommierten Leipziger Verlagseinrichtungen tätig, 1906 erscheint ihre erste Veröffentlichung."

Seit 1995 engagiert sich die Lene-Voigt-Gesellschaft e. V. für die weitere Erforschung sowie gegen die Reduzierung Lene Voigts auf ihr Werk als Mundartdichterin. Mit ihren Worten bringt sie die Menschen noch immer zum Lachen. Und wen ihr Blick trifft, von diesem Bronzerelief in der Kupfergasse, dem gibt sie diese stumme Botschaft mit: dass tiefster Humor manchmal aus tiefstem Schmerz geboren wird. Und dass man strahlend lächeln kann, während man eigentlich innerlich bitterlich weint.

Eva Maria Bast

....

So geht's zur Voigt-Tafel:

Sie hängt neben dem Eingang zum academixer-Keller, Kupfergasse 2.

KAISER MAXIMILIAN I.
CARL SEFFNER 1897

39

Maximilian-Statue
Kaiserliches Privileg für die Messestadt

*E*in wenig mürrisch schaut er ja schon. Irgendetwas scheint Kaiser Maximilian I. (1459-1519) gegen den Strich zu gehen, wie er da so von der Fassade des Städtischen Kaufhauses auf das Treiben unter ihm blickt. Die hängenden Mundwinkel und der leicht überhebliche Blick hinab auf das Volk in der Universitätsstraße wirken fast, als wolle der Herrscher nur widerwillig die Schriftrolle aus der Hand geben. Fest drückt er das Dokument gegen seine Brust. Was hat es auf sich mit dieser Bronzestatue gegenüber der Universität, die hoch über den Köpfen der Passanten kaum jemand beachtet?

Die Skulptur von Kaiser Maximilian I. am Städtischen Kaufhaus erinnert an den Mann, der der Handelsstadt Leipzig im Jahr 1497 das Reichsmesseprivileg verlieh und so ihre Bedeutung als Handelsstadt weiter stärkte. „Mit diesem Privileg, das die Kaiserstatue an der Fassade in der rechten Hand hält, verpflichtete Maximilian die Händler, ihre Waren im Umkreis von 120 Kilometern zuerst in Leipzig feilzubieten", erklärt Stadtkenner Henner Kotte. Oder andersherum: Das erweiterte Marktprivileg und Stapelrecht verbot es allen Orten in dieser Zone, Waren zu lagern und Großmärkte abzuhalten. Leipzig entwickelte sich damit zum wichtigsten Umschlagplatz in Sachsen und Thüringen. Kaiser Maximilian I. war es auch, der die drei jährlichen Leipziger Messen, die Frühjahrsmesse, Herbstmesse und Neujahrsmesse, 1497 und 1507 zu Reichsmessen erhob. „Als Papst Leo X. Leipzig dann 1514 das Reichsmesseprivileg bestätigte, entwickelte sich die Stadt immer stärker zur Drehscheibe des Ost-West-Handels", sagt Kotte.

Die 2,30 Meter hohe Bronzestatue wurde im Jahr 1897 vom Leipziger Bildhauer Carl Seffner (1861-1932) entworfen und von der bedeutenden Dresdner Glocken- und Kunstgießerei Albert Bierling gefertigt. „Anlass war der 400. Jahrestag der Verleihung des Messepri-

Autor Henner Kotte weiß, welches Schriftstück Kaiser Maximilian mit seiner Hand so fest umschlossen hält.

vilegs für die Stadt Leipzig. Das Denkmal wurde am 31. August 1897 feierlich eingeweiht", weiß Henner Kotte.

Damit münzte Leipzig über Jahrhunderte hinweg konsequent seine geografische Lage in wirtschaftliche Bedeutung um. Zwar lag die Stadt weder am Meer noch an einem großen Fluss. Doch verliefen zwei wichtige Handelsstraßen hindurch: die „Via Regia", die von Santiago de Compostela in Nordspanien nach Kiew beziehungsweise Moskau in Osteuropa führte, und die „Via Imperii", die Stettin im Norden mit Rom im Süden verband. Deshalb schlugen hier schon etwa seit dem Jahr 1100 Fernkaufleute im Schutze der Burg ihre Marktlager auf.

„Der Stadtbrief aus dem Jahr 1165 bestimmte dann, dass im Umkreis von 15 Kilometern kein anderer Markt stattfinden durfte, der der Stadt schaden könnte", berichtet der Leipzig-Experte. Damals bekam die Stadt den Namen „urbs lipzi", also „Ort bei den Linden". Als sie bei Händlern immer beliebter wurde, verlieh Markgraf Dietrich von Landsberg (1242-1285) der Stadt im Jahr 1268 den Geleitschutzbrief. Gegen finanzielle Entlohnung sicherte er allen Kaufleuten in der Stadt ungehinderten Kauf, Verkauf, Schutz und Förderung zu.

Das Städtische Kaufhaus erinnert mit der Statue daran, dass die Mustermessen hier ihren Anfang nahmen.

Große internationale Bedeutung erlangte Leipzig dank seiner Messeprivilegien im 18. Jahrhundert im Pelzhandel und in der Pelzveredelung. Polnische und russische Fellverkäufer verkauften Tierhäute, die Leipziger Kürschner zu Pelzmützen, Mänteln und Handschuhen verarbeiteten (siehe Geheimnis 11).

Die im 19. Jahrhundert schnell zunehmenden Warenmengen, die für Händler immer schwieriger profitabel zu handhaben waren, führten zu einer wichtigen Neuheit im Messewesen: In Leipzig fand 1895 die erste sogenannte Mustermesse statt. „Das

Besondere an ihr war damals eine richtige Innovation: Die Aussteller kamen nicht mehr mit all ihren Waren, die sie verkaufen wollten, sondern bloß noch mit einem Ausstellungspaar, und nahmen auf der Messe Bestellungen entgegen", erzählt Kotte, der auch als Krimiautor bekannt ist. Bis heute sind die beiden M in Versalien, die für die Mustermesse stehen, an etlichen Orten in der Stadt zu entdecken. Unter anderem drehen sie sich in den Stadtfarben – blaue Buchstaben in gelbem Kreis – auf dem 95 Meter hohen Wintergarten-Hochhaus gleich neben dem Hauptbahnhof. Genau genommen handelt es sich dabei um drei übereinander stehende M, weil der Weißraum zwischen den Buchstaben mitzählt. Zusammen standen sie seit 1917 für das „Meßamt für die Mustermessen in Leipzig".

„Die Aussteller kamen nicht mehr mit all ihren Waren, die sie verkaufen wollten, sondern bloß noch mit einem Ausstellungspaar, und nahmen auf der Messe Bestellungen entgegen."

Wem die Stadt ihre Bedeutung als Messeort bis heute zu großen Teilen verdankt, wissen nur noch die wenigsten, die an der Statue von Maximilian I. am Städtischen Kaufhaus vorbeikommen. „Dabei steht er dort genau an der richtigen Stelle, denn dieses Gebäude war der Gründungsbau der Mustermesse", sagt Henner Kotte mit Blick nach oben. Wer weiß: Hätte der Bildhauer Carl Seffner die Gesichtszüge ein wenig freundlicher gemacht, bekämen vielleicht mehr Menschen Lust, der Bedeutung des einzigen Messedenkmals in der Stadt auf den Grund zu gehen.

Heike Thissen

So geht's zur Maximilian-Statue:

Das Kaiser-Maximilian-Denkmal befindet sich in der Universitätsstraße in einer Fassadennische des Städtischen Kaufhauses über der Hofdurchfahrt.

Hinter der leicht zu übersehenden Jahreszahl im Schlussstein verbirgt sich eine spannende Geschichte.

40

Schlussstein

Ein fehlendes Stück Text

M. S. 1668 steht auf dem Schlussstein über einer Seitentür des Grassimuseums geschrieben. Wer sich ein wenig mit dessen Geschichte befasst hat, wundert sich: Wie kommt das Anfang des 20. Jahrhunderts errichtete Gebäude zu einem Schlussstein aus dem 17. Jahrhundert? Die Suche nach der Antwort führt zu diversen Quellen. Wie auf einem alten Bild zu erkennen ist, hing einst eine Tafel über dem Portal, auf der geschrieben stand:

AEDES HAS / ET IMPROBIS COERCENDIS ET QVOS / DESERVIT SANAE MENTIS VSVRA / CVSTODIENDIS / SENATVS

LIPSIENSIS / SVB QVINTO CONSVLATV / D. CHRISTOPHORI PINCKERI JCTI. / DEO ELECTORI CIVIBVS KARISSVM(is) / DE PVBLICO BENEMERENTISSIMIS / EXTRVI CVRAVIT / FABRICATVRAM MODERANTIBVS / JOHANNE SEIDELIO / ET / GEORGIO VDALRICO WELSCHIO / AEDILIBVS NOSOCOMII AD D. JOH. ET / GEORG. / A.O.R. MDCLXIIX.

Der Altphilologe Werner Taegert hat sich der Übersetzung angenommen. Sein Vorschlag lautet: „Dieses Gebäude hat – zur Züchtigung der Lasterhaften wie auch zum Gewahrsam derer, die den Gebrauch des gesunden Verstandes eingebüßt haben – der Rat von Leipzig unter der fünften Bürgermeisteramtszeit des rechtskundigen Herrn Christoph Pincker, Gott, dem Kurfürsten und den liebwerten Bürgern, die sich um das öffentliche Wohl in hohem Maße verdient gemacht haben, errichten lassen; dabei fungierten als Bauleiter Johann Seidel und Georg Ulrich Welsch, die Vorsteher des Johannes- und Georgenhospitals. Im Jahre des Erlösers des Erdkreises 1668." Welsch sei es zu verdanken gewesen, dass die Einrichtung den Namen ihrer Vorgänger – „Georgenhaus" – behielt, wie Gottfried Wilhelm Becker 1823 in *Gemälde von Leipzig und seiner Umgegend* erwähnt: „Es ward vor allem zur Aufbewahrung von Verbrechern, von Wahnsinnigen, zur Erziehung von Waisen bestimmt und der Name Georgenhaus blieb, weil der Vorsteher, der den Bau leitete, Georg Ulrich Welsch hieß."

Zudem stand das Gebäude mit seinem Namen in einer alten Tradition, denn schon im Jahr 1212 hatte es ein Hospital St. Georg gegeben. Es war die älteste Einrichtung dieser Art in Leipzig und lag vor dem Ranstädter Tor, etwa dort, wo heute die Rosentalgasse beginnt. Das Hospital bestand an dieser Stelle bis 1546. Dann befahl Kurfürst Moritz von Sachsen (1521-1553), die westliche Vorstadt Leipzigs komplett niederzubrennen, um die eigentliche Kernstadt besser verteidigen zu können. Zudem ließ er neue Bastionen und Verteidigungsanlagen errichten. Denn Feinde hatte Leipzig damals zuhauf, der Schmalkaldische Krieg (1546-1547) zwischen Protestanten und Katholiken verwüstete das Land. Das Hospital konnte zwar nach dem Krieg wiederaufgebaut werden, wurde jedoch 1631 im Dreißigjährigen Krieg (1618-1648) erneut kontrolliert abgebrannt. Danach wurde das Hospital an dieser Stelle nicht noch einmal aufgebaut. Sein Vermögen existierte aber weiter und wurde an das Johannishospital im Südosten der Stadt übertragen. Dieses hatte in den beiden Kriegen zwar auch Schäden davongetragen, wurde aber wieder repariert. Unter Verwendung der finanziellen Mittel des Georgenhospitals erweiterte das Johannishospital seine Gebäude und errichtete 1668 das neue St.-Georgen-Hospital. Verantwortlich zeichnete hierfür der Maurermeister Georg Richter.

Das Gebäude sollte nun aber nicht mehr als Hospital für körperlich Kranke dienen – dafür war das Johannishospital bestimmt –, sondern verwahrlosten und „lasterhaften" Personen als Zucht- und Besserungsanstalt. Ferner sollten „Wahnwitzige" und „Sinnlose", wie es ja auch die einstige Inschrift besagte, hier gepflegt und wenn möglich so weit geheilt werden, dass sie wieder entlassen werden konnten. Später wurden in dem auch Georgenhaus genannten Gebäude Waisenkinder untergebracht, die dort unter anderem Lesen und Schreiben lernten und als Gegenleistung für ihre Verköstigung leichte Arbeiten verrichteten. Es diente auch als Armenhaus.

Dieses Georgenhaus sollte nicht das letzte sein. Bereits 1701 zog das Hospital in ein neu errichtetes Gebäude um, 1871 wechselte es erneut seinen Standort. Auch wenn die Inschrift, die den Bau von 1668 zierte, verloren ging – das Portal mit dem Schlussstein blieb erhalten und befindet sich heute am Grassimuseum. Einst der Eingang in ein „Irrenhaus", erinnert es dort an die wechselvolle und weit zurückreichende Geschichte des Georgenhauses.

Eva-Maria Bast

....

So geht's zum Schlussstein:

Der Schlussstein im Portalbogen befindet sich links neben dem Haupteingang zum Grassimuseum, Johannisplatz 5-11.

Hunderte Studenten kommen hier jeden Mittwoch und am Wochenende vorbei, um in der Moritzbastei zu feiern. Doch die Kanonenkugeln beachtet dabei kaum jemand.

41

Kanonenkugeln

Dem Dreißigjährigen Krieg ganz nah

Beim Stichwort „Moritzbastei" denkt in Leipzig jeder Student an Partys, Konzerte und durchtanzte Nächte. Dass die Anlage ursprünglich der Verteidigung diente, ist heute Nebensache. Doch ein mannshoher Turm aus aufgeschichteten Kugeln neben einem der Eingänge soll die Besucher des beliebtesten Studentenclubs der Stadt an den militärischen Ursprung des Gebäudes erinnern. *Stein-Geschosse aus dem 30 Jahr Kriege* erklärt eine verrostete Metallplatte und wirft damit mehr Fragen auf, als sie beantwortet. Seit wann liegen sie hier? Wie kommen sie an diesen Ort? Und was hat die Moritzbastei mit dem Dreißigjährigen Krieg zu tun? „Fünf Mal", so erklärt Steffen Poser, Kurator des Völkerschlachtdenkmals, der sich in der Geschichte der Stadt sehr gut auskennt, „wurde Leipzig zwischen 1618 und 1648 belagert und beschossen." Weil es schon damals als Handels- und Messezentrum Bedeutung erlangt hatte, war es zwischen kaiserlichen und schwedischen Truppen heiß umkämpft. Seine Stadtbefestigung geriet ab 1631 immer wieder unter Beschuss.

Trotz ihrer trutzigen Bauweise wurde auch die Moritzbastei, die 1553 als eine von mehreren vieleckigen Eckbastionen entlang der Stadtmauer fertiggestellt worden war und die Leipziger vor angreifenden Feinden schützen sollte, 1632 erstmals gestürmt. In den kommenden Jahrhunderten verlor die Verteidigungseinrichtung ihre militärische Bedeutung und ist heute der letzte erhaltene Teil der alten Leipziger Wehranlagen. Von der Rannischen Bastei zum Schutz für das Ranstädter Tor und der Hallschen Bastei für das Hallische Tor gibt es keine Überreste mehr. Mit ihrem Namen erinnert die Bastei, die ursprünglich wegen dem benachbarten Peterstor „Petersbastei" hieß, an ihren Erbauer, den Kurfürsten Moritz von Sachsen (1521-1553).

Gut möglich, dass die aufgetürmten Kanonenkugeln am Wirtschaftseingang der Moritzbastei genau aus jenen Zeiten stammen. Historiker Poser sieht aber auch noch eine andere Möglichkeit: „Da steinerne Kugeln auch zu Zeiten des Schmalkaldischen Kriegs verwendet wurden und Leipzig 1547 ebenfalls mit Artillerie beschossen wurde, könnten die Kugeln freilich auch aus diesem Konflikt stammen." Vielleicht sind die Kugeln also wesentlich älter, als die Information auf dem rostigen Schild vermuten lässt.

Wie dem auch sei: Nach der unruhigen Zeit des Dreißigjährigen Kriegs, der auch die Leipziger Bevölkerung durch Hungersnot und Pest dezimierte, flogen erst einmal keine Kanonenkugeln mehr. Schon in der Zeit des Siebenjährigen Kriegs (1756-1763) verloren die Bastionen ihre Verteidigungsfunktion, weil sich die Waffen weiterentwickelt hatten, die Schutzanlagen jedoch nicht. Nach 1763 wurde die Stadtbefestigung geschleift, und die Aufbauten der Moritzbastei verschwanden. Handwerker wie Schwefelzieher und Glockengießer zogen ein, in den früheren Kasematten lagerten jetzt die Waren Leipziger Händler.

Danach begann die wechselvolle, nicht militärische Nutzung der Moritzbastei. Ab 1796 erbaute Johann Carl Friedrich Dauthe (1746-

1816) auf ihren Mauern die erste konfessionslose Bürgerschule auf deutschem Boden, die 1813 während der Völkerschlacht als Lazarett für russische Soldaten in Leipzig diente. Nachdem der Leipziger Kunstverein 1848 in dem Schulgebäude das Städtische Museum eröffnet hatte, nahm hier ab 1875 die Städtische Schule für Frauenberufe ihren Betrieb auf. Doch im Zweiten Weltkrieg machten alliierte Bomber der zivilen Nutzung ein Ende. Am 4. Dezember 1943 wurde bei einem Luftangriff auch die Frauenschule auf der Moritzbastei zerstört. Und nach dem Krieg verfüllte man die großen Gewölbe mit Zehntausenden Tonnen Trümmern und Bauschutt.

Dann kam es jedoch noch einmal anders: Studenten räumten ab 1974 mit Schaufel und Schubkarre Teile der zugeschütteten Moritzbastei frei, um hier einen Club einzurichten. 150.000 Arbeitsstunden von 30.000 Helfern sind dokumentiert – davon 50 von einer Physikstudentin namens Angela Merkel.

In jenen Jahren kamen auch die Kanonenkugeln an Ort und Stelle. „Das Denkmal wurde im Zuge des Ausbaus am heutigen Standort aufgestellt. Ursprünglich befand sich die Pyramide wohl auf dem Areal des sogenannten Panoramas am Rossplatz, später nahe der Ausflugsgaststätte Waldhof in Leutzsch", erklärt Steffen Poser.

Wenn heute Studenten zum Kaffeetrinken oder Tanzen in die Moritzbastei kommen, stellen sie bestenfalls ihre Räder an den Turm aus Kanonenkugeln. So rücken der Dreißigjährige Krieg und die Gegenwart an diesem Ort ganz eng zusammen.

Heike Thissen

So geht's zu den Kanonenkugeln:

Sie befinden sich vor der Moritzbastei (Universitätsstraße 9).

42

Eule

Das Licht des Wissens in der Innenstadt

D ie Eule als Motiv war um 2010 herum „total in", wie man heute sagen würde. Es gab den Vogel kunterbunt in den verschiedensten Variationen: als Kissen, als Tasche, als Radiergummi und auf Tassen. Zwei Jahre später war die Eule dann schon wieder aus den Geschäften und dem Bewusstsein verschwunden, um anderen Modeerscheinungen Platz zu machen. Die Eule an dem großen gelben Klinkerbau in der Inselstraße (siehe Geheimnis 14) hingegen ist in Stein gehauen und hat somit Bestand. Sie ist keinesfalls eine Modeerscheinung, sondern vielmehr als Attribut der griechischen Göttin der Weisheit Pallas Athene ein altes Symbol für den Buchhandel. Entsprechend vornehm und selbstbewusst schaut sie auch drein. „Die Eule stand von jeher für den Buchhandel und das Verlagswesen, und deshalb ist sie auch an diesem Gebäude angebracht", sagt Sabine Knopf, die sich ausgiebig mit Leipzig als Verlagsstandort beschäftigt hat. Wo, wenn nicht in der einstigen Weltstadt des Buches, wäre also eine solche Eule richtig?

„Leipzigs Geschichte als Buchstadt beginnt bereits vor Einführung des Buchdrucks mit dem Handel von Handschriften auf den Warenmessen", schreibt Sabine Knopf in ihrem Werk *Buchstadt Leipzig*. Schon im letzten Drittel des 15. Jahrhunderts hätten sich im Umkreis der 1409 gegründeten Universität erste Drucker angesiedelt. „Nach einer frühen Blütezeit während des Humanismus und der Reformation entwickelte sich Leipzig trotz aller Niedergänge, die das zeitweilige Verbot reformatorischer Schriften und die Zerstörungen infolge des 30-jährigen Krieges mit sich brachten, rasch zu einem wichtigen Druckort und einem ernsthaften Konkurrenten des Buchmesseplatzes Frankfurt am Main", berichtet die Expertin weiter. Und im 18. Jahrhundert mauserte sich die Stadt dann nach und nach zum Zentrum des Buchhandels und des Buchdrucks. Sabine Knopf weiß auch, warum ausgerechnet Leipzig zur Hauptstadt des Buches wurde: „Zum

Die Eule hoch oben am Reclam-Haus.

einen lag sie in geografischer Hinsicht sehr günstig, zum anderen war die Stadt schon immer sehr offen, sehr frei, tolerant und sehr liberal. Leipzig war protestantisch, hier wurde auf Deutsch gedruckt, im katholischen Südwesten hingegen vorwiegend auf Latein."

Und sie brachten es zu etwas, die Leipziger Buchmenschen. „Die Stadt des Buches wurde Leipzig durch die renommierten Verlagsgründungen in den ersten Jahrzehnten des 19. Jahrhunderts mit der Göschenschen Verlagsbuchhandlung, der Edition Peters und dem Verlag Philipp Reclam jun.", stellt Annette Menting in *Reclams Städteführer Leipzig. Architektur und Kunst* fest. Und Sabine Knopf nennt zwei weitere Gründe: „Anfang des 19. Jahrhunderts gelangen den Leipziger Buchhändlern zwei wichtige Schachzüge, die die Buchbranche anscheinend auf ewig mit der Stadt verknüpfen sollten. Dies waren 1825 die Gründung des Börsenvereins der deutschen Buchhändler als berufsständische Organisation und 1836 die Errichtung der Buchhändlerbörse in der Ritterstraße."

Die Branche wuchs, die Unternehmer erweiterten ihre Produktionsgebäude, der Osten der Stadt wurde zum Buchviertel, die Verleger bauten riesige Verlagsstandorte und prachtvolle Villen. „Mit der Einführung der Gewerbefreiheit in Sachsen im Jahr 1862 erlebte die Buchstadt Leipzig einen neuen Aufschwung", erzählt Sabine Knopf weiter. „Zu jener Zeit sprach man nur noch vom *Leipziger Platz*, das war sozusagen ein Synonym für die Buchstadt." Nirgendwo anders auf der Welt habe es im letzten Drittel des 19. Jahrhunderts eine derartige Ansammlung von Verlagen, Sortiments- und Kommissionsbuchhandlungen, grafischen Betrieben, beruflichen Organisationen, spezifischen Bildungseinrichtungen und Bibliotheken gegeben.

Ein besonders wichtiges Jahr sei das Jahr 1914 gewesen: „Damals richtete der Buchgewerbeverein die *Bugra* aus, das war eine riesige Schau zum Thema Buchgewerbe und Graphik, daher auch der Name." Damals hätten rund 60.000 Leipziger in der Buch- und Druckbranche in Lohn und Brot gestanden. „Es gab 982 Verlage und Buchhandlungen, 300 Druckereien und 173 Buchbindereien", weiß die einstige Lektorin. Sie hat ein Zitat des Münchner Verlegers Reinhard Piper ausfindig gemacht, der 1950 in seinen Erinnerungen über seine Eindrücke zu Beginn des 20. Jahrhunderts schrieb: „Als ich das erste Mal in Leipzig war, ging ich voll Ehrfurcht an den großen Verlagshäusern vorbei, über deren Toreinfahrten so berühmte Namen standen wie F.A. Brockhaus, Bernhard Tauchnitz, Philipp Reclam junior […]."

Doch schon kurz nach dem Ersten Weltkrieg sei Leipzigs Stern als Welthauptstadt des Buches ins Sinken geraten. Wenn Leipzig 1914 auch seinen Höhepunkt als Buchstadt feierte, so war der Samen für den Niedergang schon gesät: „Seit der Reichsgründung 1871 siedelten sich immer mehr Verlage in der Hauptstadt Berlin an", erklärt Sabine Knopf. Dennoch habe das Buchgeschäft nach wie vor eine große Rolle gespielt – bis zum Zweiten Weltkrieg. „Das Graphische Viertel wurde am 4. Dezember 1943 von Bomben schwer zerstört. Die Weltmetropole der Schwarzen Kunst hatte aufgehört zu existieren." Dabei, sagt Sabine Knopf, habe der Insel-Verleger Anton Kippenberg 1947 in einem Brief geschrieben: „Ich bin überzeugt […], dass Leipzig alle Chancen hat, wieder die erste Buchstadt Deutschlands zu werden."

Er täuschte sich: Enteignungen durch die Nationalsozialisten während des Dritten Reichs und der Sowjetischen Militäradministration in Deutschland (SMAD) im Anschluss daran, Maschinen, die für Reparationen verwendet wurden, und schließlich die Politik zur Zeit der DDR brachten die Branche ins Taumeln. In den Gebäuden von Verlagen und Druckereien des Graphischen Viertels befinden sich heute Hotels, Büros und Unternehmen.

Der Zauber der Buchstadt schwebt aber dennoch nach wie vor über der Stadt – und das nicht nur zu Messezeiten. Auch Relikte wie die Eule künden davon – dieser Vogel, den *Knaurs Lexikon der Symbole* als „Symbol der das Dunkel durchschauenden Gelehrsamkeit und des Wissens" bezeichnet. Und der hier in Stein gehauen ist.

Eva-Maria Bast

....

So geht's zur Eule:

Sie befindet sich an der Fassade des Reclam-Gebäudes, Ecke Inselstraße / Kreuzstraße.

43

Mondphasenuhr

Rätselhafte Kugel an Leipzigs erstem Hochhaus

Das Kroch-Hochhaus am Augustusplatz ist auch 90 Jahre nach seiner Entstehung noch ein Hingucker. Nicht nur wegen der Höhe dieses zwölfgeschossigen Turmhauses, das die angrenzenden Gebäude weit überragt. Auch manche Details an der Kalksteinfassade machen neugierig auf seine Geschichte. Da sind die beiden Glockenmänner auf dem Dach mit ihren gewaltigen Hämmern. Die lateinische Inschrift, die beiden Löwen über der Uhr. Und dann ein Fassadenelement, das auch nach längerem Hinsehen rätselhaft bleibt: Was hat diese ungewöhnliche blau-goldene Kugel direkt über der Zwölf der großen Turmuhr zu bedeuten?

Um dieses Geheimnis zu lüften, müsste man an unterschiedlichen Tagen erst auf die Kugel und dann in den Nachthimmel schauen. Oder man fragt Henner Kotte: „Diese Kugel ist eine Uhr, die die Mondphasen anzeigt", sagt der Stadtkenner. Sie hat eine blaue und eine goldene Hälfte und zeigt mit ihrer goldenen Seite an, welcher Teil des Mondes gerade zu sehen ist. Zwischen Neumond und Vollmond wechselt sie die Farbe natürlich so langsam, dass man es gar nicht bemerkt. „Dass sich die Kugel dreht, fällt nur demjenigen auf, der an unterschiedlichen Tagen nach oben guckt", weiß der Leipziger aus Erfahrung.

Eine astronomische Anzeige, zwei Löwen und dazu noch die markanten Glockenschläger auf dem Dachabschluss, die mehrmals pro Stunde den Hammer schwingen? Venedig-Touristen kommt das alles bekannt vor. Und tatsächlich diente der berühmte Torre dell'Orologio auf dem Markusplatz als Vorbild für die Leipziger Uhrturm am Augustusplatz. Die Inschrift darüber lautet *Omnia vincit labor*, was so viel bedeutet wie „Die Arbeit überwindet alles". Sie macht den Unterschied zwischen deutscher und italienischer Lebensphilosophie deutlich. Während südlich der Alpen Vergils Spruch „Omnia vincit amor" –

Die hübsche Kugel über der Uhr am Kroch-Hochhaus ist kein schnödes Zierelement, handelt es sich dabei doch um eine Mondphasenuhr.

„Die Liebe überwindet alles" – gilt, verließen sich die Sachsen in den 1920er-Jahren statt auf unberechenbare Gefühlsduselei lieber auf die eigene Tatkraft.

Zumindest tat das offenbar der Mann, der das Haus im Jahr 1927 in Auftrag gab. Der jüdische Bankier Hans Kroch (1887-1970) wollte in der Goethestraße 2 an der Westseite des Augustusplatzes ein repräsentatives Gebäude für sein Bankhaus Kroch jr. errichten. Die ersten Pläne des Münchner Architekten German Bestelmeyer (1874-1942), der sein Modell „Orion" nannte, sorgten aber für hellen Aufruhr. Ein 43,50 Meter hohes Bürohochhaus mitten in der Stadt? Das war vielen Leipzigern zu viel, wohl auch, weil es etwas Vergleichbares noch nicht gab. Doch dem Bauherrn blieb gar nichts anderes übrig, als den Platz in der Höhe zu nutzen – zu klein bemessen war das unattraktive Grundstück, als dass es sich anderweitig sinnvoll hätte nutzen lassen.

Der Stadtrat erteilte die Genehmigung für das erste Hochhaus der Sachsenmetropole deshalb nur scheibchenweise. Zunächst durfte der Stahlbetonbau lediglich 35,50 Meter gen Himmel wachsen. Die obersten vier Stockwerke sollten anfangs als hölzerne Attrappe oben aufgesetzt werden, um einen Eindruck von der geplanten Gesamthöhe zu vermitteln. Erst danach gab der Leipziger Rat am 16. Dezember 1927 grünes Licht: 43,20 Meter mit zwölf Geschossen durften es sein. Diese Höhe hielt auch Architekt Bestelmeyer für ideal, und so konnte das neue Wahrzeichen des Augustusplatzes nach langer Debatte und kurzer Bauzeit schon am 1. August 1928 eröffnet werden und damit den baufälligen Vorgängerbau an der Theaterpassage ersetzen.

Und die Leipziger, die sich so vehement gegen das Turmhaus gewehrt hatten? „Die waren schon beim ersten Glockenschlag mit dem Gebäude versöhnt, heißt es", sagt Henner Kotte. Sie werden wohl auch ein wenig stolz gewesen sein, schließlich galt das Schlagwerk mit den 3,30 Meter großen, von Joseph Wackerle (1880-1959) entworfenen Plastiken damals als größtes der Welt. Die drei Glocken hatte die Glockengießerei Schilling & Söhne in Apolda gefertigt.

„Die waren schon beim ersten Glockenschlag mit dem Gebäude versöhnt, heißt es."

Lange konnte sich der Bankmann Hans Kroch mit seinem Unternehmen allerdings nicht an dem Gebäude erfreuen. Zehn Jahre nach der Fertigstellung ließen ihn die Nationalsozialisten am 10. November 1938 verhaften und ins Konzentrationslager Buchenwald bringen, später nach Sachsenhausen. Frei kam er erst, nachdem er im Namen seiner ganzen Familie eine Erklärung unterschrieben hatte, in der er auf das Gesellschaftsvermögen des Bankhauses verzichtete. Die Industrie- und Handelsbank AG übernahm Gebäude und Geschäfte, während Kroch mit seinen Kindern erst nach Amsterdam floh, dann nach Argentinien emigrierte und schlussendlich nach Israel auswanderte.

Während all dieser Jahre und Jahrzehnte des Aufbaus, der Arisierung, des Zweiten Weltkriegs, der DDR-Jahre, der Wiedervereinigung und des 21. Jahrhunderts zeigte die blau-goldene Kugel im zwölften Stock zuverlässig an, welche Mondphase gerade herrscht. Unbeeindruckt vom Geschehen um sie herum, drehte und dreht sie sich. Die Familie Kroch musste aus Leipzig fliehen, das Andenken an sie hält der Turmbau wach.

Dass es um dieses 43 Meter hohe Haus, das heute nur wenige Meter entfernt vom knapp 100 Meter höheren City-Hochhaus steht, einmal eine hitzige Debatte gab, lässt sich beim besten Willen nicht mehr nachvollziehen.

Heike Thissen

So geht's zur Mondphasenuhr:

Die Mondphasenuhr ist am Kroch-Hochhaus (Goethestraße 2) an der Außenfassade Richtung Augustusplatz angebracht.

44

Monogramm

Zwischen Vergangenheit und Gegenwart

Was hat eine Heftklammer mit einem Monogramm in der schmiedeeisernen Verzierung an einer Haustür zu tun? Einiges, wie Dr. Eberhardt Kettlitz zu berichten weiß. Genauer gesagt, sind es Tausende, nein, Millionen Heftklammern und zwei Initialen: *G* und *B* ineinander verschlungen. Um dieses Geheimnis zu lüften, muss der Historiker weit in der Geschichte dieses Ortes zurückgehen.

„Wir stehen hier in Plagwitz, einem im 19. Jahrhundert nach Leipzig eingemeindeten Dorf", beginnt er zu erzählen. „Plagwitz wurde in den 1850er-Jahren durch Karl Heine als, heute würde man sagen, Gewerbepark erschlossen." Mit dem Bahnhof Plagwitz entstand der erste Industriebahnhof in Deutschland, die Grundstückspreise waren günstiger als in Leipzig-City und die Ansiedelungsmöglichkeiten für Gewerbetreibende mithin ideal.

Das fanden auch die Gebrüder Brehmer aus Philadelphia, die in den 1870er-Jahren hierher übersiedelten. „Hugo und August Brehmer kamen ursprünglich aus Lübeck, machten eine Ausbildung zum Maschinenschlosser, wanderten durch die Welt und dann in die USA, nach Philadelphia." Dort hätten die beiden gemeinsam mit Robert Heyl, einem professionellen Erfinder in den Vereinigten Staaten, eine Maschine zur Drahtklammerung von Verpackungskartons erfunden. „Deswegen ist es nicht ganz korrekt zu sagen, dass die Heftklammer in dem Gebäude in Leipzig erfunden wurde, aber die Erfinder zogen kurz darauf nach Leipzig um und perfektionierten hier das Verfahren", präzisiert der Geisteswissenschaftler.

Diese Erfindung habe einen riesengroßen Vorteil gegenüber der Handarbeit geboten. „Wir befinden uns Ende des 19. Jahrhunderts, die Industrialisierung nimmt immer mehr Fahrt auf, es wird natürlich auch versucht, durch technische Erfindungen ökonomischer zu produzieren." Besonders attraktiv war die Möglichkeit der Heftklamme-

Dr. Eberhardt Kettlitz weiß, was dieses Monogramm mit
Heftklammern zu tun hat.

rung natürlich in der Buchstadt Leipzig: „Denn auch für die Verarbeitung gedruckter Buchseiten und Zeitschriften bot diese Drahtheftung eine völlig neue Möglichkeit." Die Erfindung sei weltweit bestaunt worden, sagt Kettlitz.

Die Brehmers zogen 1879 also nach Plagwitz und gründeten hier, in der heutigen Karl-Heine-Straße 109-111, ein eigenes Unternehmen, die Maschinenbaufabrik Gebr. Brehmer. „Es gab noch einen dritten Bruder, Hermann, über den aber sehr wenig bekannt ist, er wurde in den 1880er-Jahren Teilhaber, starb aber schon in den 1890er-Jahren, sodass heute nur noch Hugo und August als Begründer der Firma angesehen werden", erzählt Eberhardt Kettlitz.

In Leipzig waren die Unternehmer auch maßgeblich an der Industrialisierung der Fadenheftung beteiligt. „Sie entwickelten Heftmaschinen für Bücher und Broschüren, die die einzelnen Papierbögen vollautomatisch mit Fäden zusammenhefteten." Die Klebebindung wurde von ihnen ebenfalls weiterentwickelt. „Die Gebrüder Brehmer waren für die Professionalisierung und Industrialisierung der Weiterverarbeitung des Buchdrucks, der sogenannten Post-Print-Sparte, von großer Bedeutung", unterstreicht Kettlitz, der ein Buch zu diesem Thema verfasst hat.

Bei genauem Hinsehen kann man die verschlungenen Initialen G und B erkennen.

„Im Ersten Weltkrieg wurde die Produktion auf Rüstungsgüter umgestellt, im Zweiten Weltkrieg genauso, dann kam die Zeit der sozialistischen Wirtschaftsweise und das Unternehmen wurde ein volkseigener Betrieb, genannt Polygraph, der in der DDR zum Zentrum der Buchbindertechnik wurde", zählt der Experte auf und hat auch einen schönen Spruch dazu parat, der vom Standesdünkel und Stolz der Polygraphen zeugt, aber auch die Wertschätzung unterstreicht, die ihnen in der ganzen

Verlagsbranche entgegengebracht wurde: „Die stolzesten Grafen sind die Polygraphen."

Das Unternehmen sei zu DDR-Zeiten durchaus erfolgreich gewesen, wenn es auch mit diversen Problemen zu kämpfen hatte, die die sozialistische Wirtschaftsweise mit sich brachte: Schwierigkeiten hinsichtlich der Materialbesorgung, der Fachkräfte, Exportprobleme.

„Nach der Wende wurde der Betrieb abgewickelt, ging durch verschiedene Hände und kam schließlich zum Weltmarktführer der Druckmaschinen, der Heidelberger Druckmaschinen AG. Diese baute ein neues Werk im Leipziger Nordosten – das Gelände verfiel", schildert Kettlitz das weitere Schicksal von Unternehmen und Gebäude. „2014 wurde die Leipziger Sparte von Heidelberg vollständig abgewickelt, sodass von diesem Unternehmen hier in Leipzig bis auf etwas Servicetechnik nichts mehr übrig geblieben ist", bedauert er. Heute sind in dem 2009 sanierten Gebäude verschiedene Unternehmen angesiedelt. „Es ist weiterhin ein Industriestandort, aber sicherlich nicht mehr mit der Bedeutung, die es unter den Gebrüdern Brehmer Ende des 19. und im Lauf des 20. Jahrhunderts einmal hatte."

Doch wenn sich auch kein Heftklammern-Denkmal und keine Büste der Unternehmer vor deren einstigem Firmengebäude befinden: Die Initialen an der Tür künden immer noch davon, dass hier die Gebrüder Brehmer mit all ihrem Innovationsgeist am Werk waren. Und damit sind diese Initialen gewissermaßen auch eine Klammer: zwischen Vergangenheit und Gegenwart.

Eva-Maria Bast

So geht's zum Monogramm:

Es befindet sich an der Tür des Gebäudes Karl-Heine-Straße 111.

Dave Tarassow wohnt in der Nähe und hat sich mit der Geschichte rund um die Litfaßsäule intensiv beschäftigt.

45

Litfaßsäule

Widerstand im Kleinen

Die Litfaßsäule gilt in der heutigen digitalen Welt schon fast als ein Relikt aus längst vergangenen Zeiten. Poster, Werbeplakate und Ankündigungen – kaum noch jemand schenkt ihnen Beachtung. Dabei war ein solcher Betonzylinder früher ein wichtiger Handelsplatz für Neuigkeiten. Man kam hier zusammen, tauschte sich aus, las die Plakate und Verlautbarungen. Das galt auch für die Litfaßsäule in Kleinzschocher. Hier trafen sich in den 1930er-Jahren vor allem Jugendliche aus den Arbeiterfamilien Leipzigs. Gästeführer Dave Tarassow findet das faszinierend: „Für mich als Stadtführer ist es wichtig, den Besuchern auch Orte zu zeigen, hinter denen man keine Geschichte vermutet." Und wer würde schon denken, dass hinter einer Litfaßsäule etwas Besonderes steckt – wenn es nicht gerade eine aufregende Plakatwerbung ist. Der junge Leipziger, geboren im Jahr, als die Mauer fiel, wohnt in der Nähe der Litfaßsäule. Doch diese Geschichte interessiert ihn noch aus anderem Grund: „Diese Litfaßsäule ist ein besonderer Ort für mich, der ich mich in der Jugend- und Bildungsarbeit engagiere. Er zeigt nämlich, dass auch in der NS-Zeit viele Jugendliche sich ihre eigene Meinung gebildet und ihre Freizeit gestaltet haben."

Diese Jugendlichen trugen meistens Lederhosen mit Hosenträgern, zuweilen auch Halstücher, meist in Rot, und setzten sich damit klar von der Hitlerjugend ab. Denn die jungen Leipziger wollten selbstbestimmt ihre Freizeit und Jugend organisieren und nicht einmal ansatzweise der faschistischen Regierung des Deutschen Reiches angehören. „Damals wie heute ist es wichtig, dass Jugendliche nicht ihrer Freizeit beraubt werden", findet Tarassow. „Viele möchten sich selbst entwickeln und allein entscheiden, wohin ihre gesellschaftliche, politische und berufliche Zukunft geht. Dies ist für mich als Ausbilder für Medienkompetenz sehr wichtig." Und er fährt fort: „Viele Jugendliche meinen, sie hassen Politik, dabei machen sie schon Politik, wenn sie sich im Schülerrat oder bei einer Demonstration engagieren. Wichtig ist es, dass die Stimmen der Jugendlichen auch gehört und diskutiert werden." Deshalb hat Tarassow auch ein überparteiliches und städtisches Jugendparlament in Leipzig mit Gleichgesinnten aufgebaut.

Die Jugendlichen, die heute ihre Stimme erheben, haben es dabei viel leichter als jene, die es in den 1930er-Jahren wagten, sich einer Organisation wie der Hitlerjugend zu widersetzen. Die damaligen Gruppen, die sich „Meuten" nannten, trafen sich, redeten, tauschten ihre Sorgen und Nöte aus, auch Politik war Thema, aber genauso gemeinsame Ausflüge und Ausfahrten mit dem Rad.

Etwa 1.500 Jugendliche organisierten sich auf diese Weise in Leipzig, eine der bekanntesten dieser Meuten war ebenjene, die sich in Kleinzschocher an der Litfaßsäule traf. Ihren Namen „Hundestart" erhielt sie nach dem alten Friedhof, der sich in unmittelbarer Nähe befand und im Voksmund den eigenartigen Namen „Hundestart" trug. An genau diesem Friedhof – heute ist er eine einladende baumbestandene

Grünanlage – trafen sich die Jugendlichen zwischen 14 und 18 Jahren, sowohl Jungen als auch Mädchen, und trotzten so dem beinahe unausweichlichen Druck der Schulen, sich in die Hitlerjugend (HJ) einzugliedern und Teil der nationalsozialistischen Maschinerie zu werden. „Hundestart" gehörte mit etwa 40 Mitgliedern zu den größeren Meuten und leistete aktiv Widerstand, indem die Jugendlichen Schaukästen einschlugen, Hitlerjugend-Plakate abrissen und sich mit den durch ihre Uniform klar erkennbaren Hitlerjungen anlegten. Zusammen mit den Flugblättern und dem Vandalismus an HJ-Heimen führten diese Aktionen dazu, dass sich die HJ-Führung bei der Stadt beklagte. Ihre Mitglieder trauten sich in gewissen Vierteln in ihrer Uniform nicht mehr auf die Straße, hieß es. Zunächst sahen die Nationalsozialisten der Stadt die Meuten nur als Rowdies und Krawallmacher, doch sie merkten bald, dass die Jugendlichen doch ernst genommen werden mussten. Gestapo-Ermittlungen ergaben, dass einige der Meutenmitglieder mit den Kommunisten in Spanien sympathisierten. Und, wie Alexander Lange in seinem Buch *Meuten – Broadway-Cliquen – Junge Garde. Leipziger Jugendgruppen im Dritten Reich* zitiert, „[...] dass sie, wenn sie älter wären, nach Sowjetspanien gingen" und sie generell die nationalsozialistische Propaganda anzweifeln würden.

Nun gingen die Nationalsozialisten gegen die Meuten vor, zunächst noch mit Abschreckungsurteilen. Einzelne Mitglieder wurden im Oktober 1938 wegen „Vorbereitung zum Hochverrat" zu langen Haftstrafen verurteilt, manche von ihnen landeten sogar in Konzentrationslagern. „Wenn auch die Gefahr aus dem Treiben der Angeklagten im Großen und Ganzen gesehen für den nationalsozialistischen Staat in seinem festen Staatsgefüge nicht groß war, so ist sie jedoch keineswegs bedeutungslos. Alle solche Versuche müssen daher im Keim erstickt und von vornherein mit äußerster Strenge ausgerottet und durch harte Strafen für alle Zukunft verhindert werden", zitiert Barbara Beuys in ihrem Buch *Vergeßt uns nicht: Menschen im Widerstand 1933-1945* aus Gerichtsakten. Aber die Mehrzahl der Meuten ließ sich nicht abschrecken, sie machten weiter und gaben nicht klein bei, was dazu führte, dass die Gestapo 1939 vehement gegen die Jugendlichen vorging und ein Jugendschulungslager einrichtete. Die regimekritischen Heranwachsenden wurden in zahlreichen Prozessen verurteilt und ins Gefängnis gesteckt.

Die Meuten waren zerschlagen, ihre Anführer weggesperrt. Tarassow sagt: „Wenn man bedenkt, dass man für seine Meinung bestraft wurde, macht mich das fassungslos." Und er ergänzt: „Ich habe größten Respekt vor den Jugendlichen, die ihr Ding gemacht haben, obwohl sie wussten, es könnte nach hinten losgehen. Sie blieben bei ihrer Stellung."

Und in der Tat gaben die jungen Menschen auch dann nicht auf, als sich die Lage immer weiter verschärfte: Auch im Krieg bildeten sich noch vereinzelte, viel kleinere Widerstandsgruppen Jugendlicher. Sie zeigten, was sie von der faschistischen Regierung hielten, dass sie sich wehrten und wehren konnten. Tapfere und mutige junge Männer und Frauen, die sich nicht unterkriegen ließen. Sie trafen sich hier an der Litfaßsäule am Hundestart und entzogen sich der Diktatur, so gut sie konnten.

> *„Viele möchten sich selbst entwickeln und allein entscheiden, wohin ihre gesellschaftliche, politische und berufliche Zukunft geht. Dies ist für mich als Ausbilder für Medienkompetenz sehr wichtig."*

Eva-Maria Bast

....

So geht's zur Litfaßsäule:

Die Litfaßsäule befindet sich an der Ecke Schwartzestraße / Rolf-Axen-Straße, gleich bei der Grünanlage.

46

Große Wiese

Wie Mücken ein feudales Projekt vereitelten

Um dieses Naherholungsgebiet werden die Leipziger von vielen anderen Großstädtern beneidet: Da öffnet sich mit der Großen Wiese des Rosentals unmittelbar nordwestlich der Altstadt doch tatsächlich eine Grünfläche von mehreren Hektar, die einen weiten Blick ins Grüne ermöglicht, ohne dass Gebäude ihn trüben würden. Um sie herum gruppieren sich Waldstücke mit ausgedehnten Spazierwegen, Spielplätzen und Ruhebänken.

„Die Große Wiese ist wirklich etwas Besonderes", bestätigt Dr. Roland Klemm, der seit mehreren Jahrzehnten unweit der Grünfläche wohnt. Als Mitglied des Bürgervereins Waldstraßenviertel hat er sich viel mit der Geschichte des Stadtteils beschäftigt und weiß: „Beim Rosental handelt es sich um ein Relikt aus alter Zeit, das sich von anderen Parkanlagen vor allem durch seine Größe und Weite unterscheidet." Es ist Teil des Leipziger Auwalds. Welche Rose oder welches Tal ihm zu seinem Namen verhalfen, ist nicht geklärt, denn beides suchte man hier vergeblich, als im Jahr 1318 die Bezeichnung das erste Mal auftauchte.

Ihr Aussehen verdankt die Große Wiese zum einen Kurfürst Friedrich August I. (1670-1733), zum anderen einer List der Leipziger Stadtväter. Und das kam so, wie Roland Klemm erzählt: „Seit 1663 gehörte das Gelände nicht mehr den Kurfürsten, sondern dem Leipziger Rat, der es für mehr als 17.000 Gulden gekauft hatte. Doch August der Starke forderte es zurück, um auf Kosten der Stadt auf der Fläche der heutigen Großen Wiese ein gewaltiges Schloss errichten zu lassen." Architekt und Ingenieur Johann Christoph Naumann (1664-1742) entwarf hierfür nicht nur ein kuppelbekröntes Palais mit elf Achsen und mehreren Geschossen, sondern auch einen großen Barockgarten, der diesem vorgelagert sein und von einem Kanalsystem nach niederländischem Vorbild durchzogen werden sollte. „Von hier aus sollten Alleen strahlenförmig durch den Wald führen und Sichtachsen zu

Dr. Roland Klemm wohnt unweit des Rosentals und ist dankbar dafür,
dass die Große Wiese seit mehr als 300 Jahren nicht bebaut wurde.

markanten Punkten in der Umgebung entstehen", führt der Heimat-
kenner die Pläne weiter aus.

Der Bauherr fackelte nicht lange: Ende November 1707 entstand die
Große Wiese durch Kahlschlag des entsprechenden Waldstücks. Und
auch die Schneisen wurden durch Fällen von Hunderten von Bäumen
geschlagen und gaben vom Rosental aus plötzlich den Blick auf den Turm der Plei-ßenburg oder auf die Funken-burg frei.

„Von hier aus sollten Alleen strahlen-förmig durch den Wald führen und Sichtachsen zu markanten Punkten in der Umgebung entstehen."

Den Stadtvätern ging dieser Eingriff in ihren Besitz – sie
hatten das Rosental nicht an August abgetreten! – zu weit, und sie
bedienten sich einer List, um ihn von seinen Plänen abzubringen. „Sie
erzählten von häufigen Überschwemmungen und Mückenplagen, die
dort regelmäßig auftraten und die Freude an einem Aufenthalt im
Schloss wesentlich getrübt hätten. Das entsprach der Wahrheit. Sie
berichteten aber auch von Räuberrotten, die dort angeblich ihr Unwe-
sen trieben. Das war wohl stark übertrieben", sagt Klemm. Doch sie
hatten Erfolg damit: August ließ von seinen ehrgeizigen Plänen ab und
begnügte sich mit einem hölzernen Aussichtsturm, der für ihn errichtet wurde.

Ein Zeitzeugenbericht des preußischen Schriftstellers und Aben-
teurers Karl Ludwig von Pöllnitz (1692-1775) beschreibt die Gegend
1739 – drei Jahrzehnte, nachdem August der Starke ein Einsehen
gehabt hatte – folgendermaßen: „Sonderlich ist ein Gehölze allda
befindlich, das fürnemlich einig Aufmercksamkeit verdienet, und
nach der Landes-Sprache das Rosenthal gennet wird, dieser Wald
besteht aus vierzehn Alleen, in deren Mitte eine große Wiese zu sehen
ist. Die Aussicht durch diese Alleen ist herrlich, und insgesamt auf eine
angenehme Art verändert."

Kein Wunder, dass schon bald nicht mehr nur der Kurfürst das
Rosental zur Erholung nutzte. Dem Einsatz von Hofrat Prof. Dr.
Johann Gottlob Böhme (1717-1780) ist es zu verdanken, dass 1777 der
erste Spazierweg durch den ehemaligen Auwald entstand. Und schon
bald erfreute sich das Areal so großer Beliebtheit, dass eine Verord-

nung vom 14. April 1779 das Fahren, Reiten und Lärmen im Rosental untersagen musste.

Und so ist es noch heute: An sonnigen Tagen breiten hier Studenten ihre Decken aus und überlassen die Universität für ein paar Stunden ihrem Schicksal, an den Wochenenden kommen Familien mit ihren Picknickkörben und verbringen viele Stunden mitten im Grün. „Das hier ist unsere grüne Lunge, die sich bis in die Innenstadt zieht", fasst Klemm die Bedeutung des Rosentals und seiner Großen Wiese zusammen. Jedem, der sich auf dem historischen Weg – dieser führte durch die Rosentalgasse (siehe Geheimnis 29) – dem Gelände nähert, dem eröffnet sich ein fantastischer Blick auf die Grünfläche. „Dass dieser in all den Jahrhunderten erhalten geblieben ist, ist

Grüne Lunge unweit der Altstadt: das Rosental mit seiner Großen Wiese.

schon toll. Denn das Gelände hat sich ja durchaus immer wieder verändert. Aber es wurde nie bebaut", wofür das Mitglied des Waldstraßenviertel-Vereins dankbar ist. Denn auch Roland Klemm verbringt hier dank den feudalen Plänen von August dem Starken jedes Jahr etliche Stunden im Grünen – und das mitten in der Stadt.

Heike Thissen

So geht's zur Großen Wiese:

Die Große Wiese liegt im Rosental nördlich der Emil-Fuchs-Straße und westlich des Zooschaufensters des Leipziger Zoos.

47

Oeser-Epitaph

Tiefe Freundschaft zu Vater und Tochter

„Sie sorgten dafür, dass er sich dem Leipziger Geschmack entsprechend kleidete, sie brachten ihm den Genuss des Weines näher, und sie lehrten ihn, statt Hessisch Sächsisch zu reden", sagt Günter Hempel und deutet auf das Epitaph an der Nikolaikirche. Um dann fortzufahren: „Die drei, die hier bestattet sind, hatten für den jungen Goethe eine große Bedeutung." Gemeint sind, wie dem Grabstein zu entnehmen ist: *Adam Friedrich Oeser, Rosine Elisabeth Oeser* und *Friederike Elisabeth Oeser*. Besonders mit Friederike Elisabeth Oeser (1748-1829), der 18-jährigen Tochter der beiden Erstgenannten, verband Goethe eine tiefe Freundschaft, die ein ganzes Leben währte.

Doch als sie sich im Herbst 1766 kennenlernen, steht Goethe noch ganz am Anfang seines Lebens. Geadelt ist er noch nicht, geschweige denn berühmt. Er ist ein junger Mann, 16 Jahre alt, aus Frankfurt am Main kommend, den sein Vater – mit 1.200 Gulden im Jahr finanziell gut ausgestattet – zum Jurastudium in diese pulsierende, mondäne, offene Stadt schickt. Die Juristerei kann ihn nicht wirklich reizen, viel spannender findet er das Reiten, das Fechten, das Theater und: die „Zeichnungs-, Mahlerey- und Architectur-Academie" in der Pleißenburg, 1764 gegründet und geleitet von Adam Friedrich Oeser (1717-1799). „Dessen Tochter Friederike und Käthchen Schönkopf, Tochter des Weinhändlers und Gastwirts vom Brühl, machten Goethe gewissermaßen zum Manne und salonfähig", sagt Hempel. Und dazu gehört eben auch der Weingenuss. „In Frankfurt trank man ja vor allem *Äppelwoi*. Sachsen war damals bedeutendes Weinland, wobei nichts gegen die Hessenweine gesagt werden soll." Das spiegelt sich auch in der berühmten Szene in Auerbachs Keller wider (siehe Geheimnis 50). Nicht nur die Freundschaft zu Friederike, auch die zu dem rund 30 Jahre älteren Oeser ist innig. „Er war für Goethe der Lehrer für alles, was mit Ästhetik zu tun hat, der junge Mann bewunderte ihn und hielt

---

Günter Hempel weiß, was dieses Grabmal mit Goethe zu tun hat.

ihn für außergewöhnlich talentiert", sagt Hempel. Und so schrieb der junge an den mehr als 30 Jahre älteren Mann: „Was binn ich Ihnen nicht schuldig, Theuerster Herr Professor, dass Sie mir den Weeg zum Wahren und Schönen gezeigt haben, dass Sie mein Herz gegen den Reitz fühlbaar gemacht haben. Ich binn Ihnen mehr schuldig, als dass ich Ihnen dancken könnte. Den Geschmack den ich am Schönen habe,

Vater, Mutter und Tochter Oeser – auch nach dem Tode vereint.

meine Kenntisse, meine Einsichten, habe ich die nicht alle durch Sie? Wie gewiss, wie leuchtend wahr, ist mir der seltsame, fast unbegreifliche Satz geworden, dass die Werckstatt des grossen Künstlers mehr den keimenden Philosophen, den keimenden Dichter entwickelt, als der Hörsaal des Weltweisen und des Kritickers. Lehre tuht viel, aber Aufmunterung tuht alles", schrieb er und fügte an: „Aufmunterung nach dem Tadel, ist Sonne nach dem Reegen, fruchtbaares Gedeyen."

Als Johann Wolfgang Goethe, krank an seinem ersten Liebeskummer, weil die Beziehung mit seinem zwei Jahre älteren Herzensmädchen Käthchen Schönkopf (1746-1810) in die Brüche geht, und vollkommen erschöpft vom wilden Leipziger Studentenleben, im Jahre 1768 nach Frankfurt zurückkehrt, ist seine Leipziger Zeit noch lange nicht vorbei. Oft wird er hierher zurückkehren. Und seinem alten Lehrer dabei häufig die Ehre erweisen.

Mit ihm und Friederike pflegt er außerdem einen regen Briefkontakt, in dem auch deutlich wird, wie sehr er seine Freundin vermisst und wie gern er sie besuchen möchte. Goethe schreibt ihr am 13. Februar 1769 aus Frankfurt: „Wie gern käm ich auf Ostern zu Ihnen, wenn ich könnte, wissen Sie was kommen Sie zu mir, oder schicken Sie mir den Papa. Wir haben Platz für Sie alle wenn Sie kommen wollen." Allzu große Hoffnung auf einen postiven Bescheid macht sich Goethe aller-

dings nicht: „Sie werden freylich diese Invitation nicht annehmen, die sächsischen Mädchen sind etwas delicat. Gut, zwingen will ich Sie nicht. Aber wenn Sie mich böse machen, so komm ich selbst und invitire Sie in eigner Person. Wollen Sie es hernach auch nicht annehmen?"

> *„Er war für Goethe der Lehrer für alles, was mit Ästhetik zu tun hat, der junge Mann bewunderte ihn und hielt ihn für außergewöhnlich talentiert."*

Ob Friederike der Einladung folgte, sei ihm nicht bekannt, sagt Hempel schmunzelnd. „Ich weiß aber, dass die Verbindung sehr innig war und sehr lange währte. Friederike Oeser und Käthchen Schönkopf waren ausgesprochen wichtige Frauen in Goethes Leben." Daran erinnern auch die Medaillons an seinem Denkmal am Naschmarkt. Doch das ist eine andere Geschichte, die wir bereits ab Seite 35 erzählt haben.

Eva-Maria Bast

....

So geht's zum Oeser-Epitaph:

Die Grabplatte der Familie Oeser befindet sich in der östlichen Außenwand der Nikolaikirche. Diese steht am Nikolaikirchhof 3.

*Jürgen Ackermann lehnt an der Säule, die zwar relativ leer aussieht,
an der meistens aber viele Plakate kleben.*

48

Säule

Als die Industrie nach Connewitz kam

„Diese Säule kennt jeder, der Kultur mag oder macht", sagt Jürgen Ackermann und deutet auf ein hohes weißes Gebilde auf dem Gelände des Kulturvereins WERK 2, dessen Vorsitzender er ist. „Es ist so etwas wie eine schmale Litfaßsäule, hier klebt jeder seine Plakate drauf, bis die Schicht so dick ist, dass alles abplatzt." Doch wofür die Säule ursprünglich gut war und was für einen Zweck sie erfüllte, das wisse wohl keiner von all jenen Menschen, die hier Plakate aufkleben oder studieren. „Die Säule verweist auf die einstige Nutzung der heutigen Kulturstätte WERK 2", erklärt Ackermann. „Sie war früher der Fuß eines Hebekrans, mit dem Lasten von Fahrzeugen in die Hallen gehoben wurden." Deshalb stehe sie auch unter einem Dach: weil das Material beim Be- und Entladen vor Regen sicher sein musste. Wenn man den Kopf in den Nacken legt, kann man den schwenkbaren Lastenträger erkennen.

Die angelieferten Lasten dienten in diesem Fall dem Unternehmen „A. de Siry, Ch. Lizars & Cie." zur Herstellung von Gasmessgeräten. „Das war eine französische Firma, die im 19. Jahrhundert nach Connewitz kam, um hier eine Zweigstelle zu eröffnen", erklärt Ackermann. Das Geschäft in Paris florierte, der Bedarf an Messgeräten für Gaslaternen stieg in jener Zeit enorm an, als diese Art von Straßenbeleuchtung überall eingeführt wurde. Für Connewitz habe das französische Unternehmen sich wegen der Erreichbarkeit entschieden: Leipzig war in Deutschland verkehrsgünstig gelegen. Joseph Eduard Siry reiste persönlich an, und kümmerte sich um alles. „Ihm war klar, dass es in Leipzig selbst nicht leicht werden würde, ein Unternehmen anzusiedeln, weil sich die Zünfte dagegen zur Wehr setzen könnten – aus Angst vor Konkurrenz", erklärt Ackermann. Daher habe sich Siry von vornherein eher im Umland umgesehen und sei in Connewitz fündig geworden. „Connewitz war damals noch ein eigenes Dorf und relativ kulant. Und die Baugrundstücke hier waren natürlich billiger als in der Stadt", nennt Ackermann einen weiteren Vorteil.

Am 10. Juni 1848 lag die Gewerbekonzession vor. Eine Fabrik in Leipzig selbst zu haben, reizte ihn aber doch: „Jahrelang wartete er auf eine günstige Gelegenheit, auch hoffte er auf eine Lockerung des Zunftzwangs. Als Anfang der 1850er-Jahre die Industrielle Revolution Fahrt aufnahm, gewährte die Leipziger Ratsstube immer öfter Ausnahmen davon – und zwar vor allem dann, wenn die Antragsteller nachzuweisen vermochten, dass ihre Fabriken den Innungen keine Fachkräfte abwerben würden. Dies konnte Siry freilich nicht versprechen, als er 1855 seinen Standortwechsel beantragte", schreibt Michael Liebmann in seinem Buch Connewitz – Vom Werden eines Leipziger Stadtteils.

Er kaufte – obwohl noch keine Genehmigung vorlag – sogar ein Grundstück und legte Pläne vor. Doch während der Stadtrat sich noch eingehend mit der Angelegenheit beschäftigte, zog er schon wieder zurück. Liebmann schreibt: „Siry teilte am 22. 6. 1855 der Kreisdirektion mit: ‚Eingetretene Familienverhältnisse rufen mich plötzlich von hier nach Frankreich und wahrscheinlich für alle Zeit zurück.' […]. Am 25. Januar 1855 wurde der Leipziger Stadtrat informiert, dass die Gasmesserfabrik nun doch in Connewitz verbleibe." Und hier habe die Firma dann auch noch lange Bestand gehabt. Sie wurde sogar erweitert und genoss in der Branche einen hervorragenden Ruf. „Im Jahre 1887 gelangten die bisherigen Geschäftsführer der Fabrik, Schirmer, Richter & Co, in den Besitz derselben", schreibt Liebmann. In jener Zeit sei das Gelände auch umgestaltet und die Firmengebäude zum Teil neu gebaut worden. Der Besitzerwechsel, erklärt Ackermann, hänge mit dem Deutsch-Französischen Krieg zusammen. „Nach diesem herrschte eine deutschnationale Stimmung, bei Franzosen zu kaufen oder mit ihnen Geschäfte zu machen, war für viele undenkbar. Die Umstrukturierung der Firma geschah auch auf Wunsch der französischen Unternehmer, die hier wieder mal ihre gute Geschäftstüchtigkeit bewiesen", sagt er. 1939 sei auf Kriegsproduktion umgestellt worden, erzählt Ackermann. „Ein dunkler Teil dieser Geschichte ist, dass hier ab 1942/43 Zwangsarbeiter eingesetzt wurden, zuerst Franzosen, dann sowjetische Gefangene." Nach dem Zweiten Weltkrieg, 1948, wurde die Firma von der Stadt verwaltet und 1953 zum Volkseigenen Betrieb. „Das muss wohl einer der größten im Ostblock in dieser Sparte gewesen sein, mit relativ vielen Angestellten", sagt er. Dann kam 1989 die Friedliche Revolution und 1990 die Abwicklung. „Damals wurde hier eine Auffanggesellschaft gegründet mit der Idee, dass Angestellte bleiben können und dass sie etwas Neues produzieren. Das hat aber nie geklappt. Es hatte eine gewisse Tragik, weil die Leute alles demontiert haben, ihre Maschinen, ihre Arbeitsplätze." Doch aus dieser traurigen Stimmung sei dann die Idee entstanden, hier ein Kulturzentrum einzurichten. Seit 1992 belebt es die Hallen der einstigen französischen Firma, an deren Lastenkran heute auf die multikulturellen Veranstaltungen hingewiesen wird. „Hier ist ganz viel Leben", sagt Ackermann, „und ganz viel Raum für Kultur und Austausch."

Eva-Maria Bast

So geht's zur Säule:

Sie steht auf dem Gelände von WERK 2, Kochstraße 132, gegenüber der Halle D.

Es klappern die Rädchen am (nicht) rauschenden Bach. Klippklapp!

Wasserspiel

Und ewig dreht sich die Mühle

Wer kennt das nicht aus Kindertagen: ein kleines Wasserrad, auf das man mit dem Gießkännchen Wasser kippen kann und das sich daraufhin herrlich dreht! An dieses Vergnügen fühlt man sich erinnert, wenn man das Wasserrad entdeckt. Es ist zwar etwas größer als das Spielzeug aus Kindertagen, funktioniert aber nach dem gleichen Prinzip: Ein Wasserrad mit mehreren Schaufeln dreht sich gemächlich im Pleißemühlgraben.

Wie der Name des Gewässers andeutet, gab es an seinem Verlauf zahlreiche Mühlen: die Thomasmühle, die Barfußmühle, die Gohliser Mühle und die Nonnenmühle. Das Wasserrad , das sich heute so munter dreht, erinnert an letztere, die 1890 den Bauarbeiten für die Karl-Tauchnitz-Straße und die Karl-Tauchnitz-Brücke weichen musste. Namensgeber für die Nonnenmühle waren die Zisterzienserinnen des nahegelegenen Georgenklosters. Dieses wurde im ersten Viertel des

173

13. Jahrhunderts ganz in der Nähe gegründet. Zuvor soll es sich Urkunden zufolge in Hohenlohe bei Kitzen befunden haben. Doch Markgraf von Meißen, Heinrich der Erlauchte (um 1215-1288), verlegte es nach Leipzig und schenkte ihm dazu 36 Gehöfte.

1248 erbauten die Nonnen dann die nach ihnen benannte Mühle direkt bei ihrem Kloster. Etwa 230 Jahre später wechselten die Zisterzienserinnen das Habit und lebten von da an unter den Regeln des heiligen Benedikt von Nursia (480-547) als Benediktinerinnen. Doch mit der Reformation verließen sie 1541 das Kloster, zwei Jahre später kaufte die Stadt das Gebäude und riss es 1545 ab. Die Mühle blieb jedoch weiterhin bestehen. Die auf die Reformation folgenden Kriege, der Schmalkaldische (1546-1547) und der Dreißigjährige (1618-1648), hinterließen Spuren, auch an der Mühle, die immer wieder zerstört, aber jedes Mal wieder neu errichtet wurde.

Der Pleißemühlgraben hat im Laufe der Jahrhunderte einige Veränderungen mitgemacht. Neben den Mühlen lagen daran zahlreiche Pferdeschwemmen, in denen Zugtiere getränkt, abgekühlt und gesäubert werden konnten. Ganz in der Nähe der Nonnenmühle gab es seit dem 16. Jahrhundert zwei Wasserkünste: hohe Türme, die die umliegenden Häuser über Rohre mit Wasser versorgten.

Außerdem lieferte der Graben für mehrere Gewerke das Brauchwasser und entsorgte das Abwasser. Als die Stadt wegen der Industrialisierung immer weiter wuchs, erhielt er ab etwa 1860 gemauerte Wände und wurde begradigt sowie reguliert. Die Technik in der Nonnenmühle war mittlerweile veraltet, und eine Modernisierung rentierte sich nicht. Die Mühle wurde schließlich abgerissen. Heute erinnert nur noch das Wasserspiel im Graben an die alte Mühle.

Eva-Maria Bast

....

So geht's zum Wasserspiel:

Das Wasserspiel befindet sich an der Ecke Harktorstraße / Martin-Luther-Ring im alten Pleißemühlgraben.

Bernd Weinkauf kann mehrere Geschichten zu dem gerahmten Schriftstück in Auerbachs Keller erzählen.

Schuldschein

Schaumwein für den Dichterfürsten

Auerbachs Keller ist wohl nicht nur in Leipzig, sondern in der gesamten deutschen Literaturgeschichte die bekannteste Gaststätte. Was das Lokal keinem Geringerem zu verdanken hat als dem „Schwartzkünstler" D. Johannes Faustus aus dem Volksbuch, dem Protagonisten des Dramas *Faust I* von Johann Wolfgang von Goethe (1749-1832), der eine Szene des Dramas hier verortet. Doch nicht nur einzelne seiner Figuren haben Auerbachs Keller einen Besuch abgestattet, auch dem Dichter selbst war er wohl vertraut. Davon zeugt ein gerahmter Schuldschein neben der Eingangstür zum sogenannten Goethezimmer. Dem darunter stehenden Kommentar nach handelt es sich um das Faksimile einer Quittung, die Goethe 1804 hier ausgestellt haben soll. Darauf steht in schwungvoller Handschrift geschrieben: *Zwei Flaschen guten Champagners erhalten zu haben bescheinig d. 27 Aug. 1804 Goethe.*

Wer die Lebensdaten des Dichters kennt, wird bei diesen Zeilen aufhorchen. „Sie besagen, dass Goethe einen Tag vor seinem 55. Geburtstag hier gezecht haben soll", erläutert Bernd Weinkauf, der sich als Historiker von Auerbachs Keller mit dem prominentesten Gast des Lokals bestens auskennt. Dieser war mit 16 Jahren nach Leipzig gekommen, um hier sein Jurastudium aufzunehmen. Währenddessen wohnte er in der „Großen Feuerkugel", einem ganz in der Nähe der Gaststätte gelegenen Kaufmannshof. Nun könnte es zwar so gewesen sein, dass Goethe in fortgeschrittenem Alter seinen 55. Geburtstag mit Champagner begießen wollte, doch in seiner „Stammkneipe", wie man heute wohl sagen würde und wie der Kommentar zum Schuldschein behauptet, hat er das ganz sicher nicht getan. „Das Problem ist: Im ganzen Jahr 1804 hat sich Goethe nicht eine Stunde in Leipzig aufgehalten", weiß Bernd Weinkauf. In Auerbachs Keller kann der Dichter die Champagnerlieferung folglich nicht quittiert haben. Dem Schaumwein war er aber in der Tat recht zugetan. „Das Leipziger Bier schmeckte Goethe nicht", schreibt Autorin Ursula Brekle über die Abneigungen des Leipziger Studenten.

Weinkauf vermutet, dass Goethes Vorliebe für Champagner auch in Leipzig bekannt war, wo der Dichter während seiner Studienzeiten Carl von Lindenau (1755-1842), den Sohn des Grafen Heinrich Gottlieb von Lindenau (1723-1789), kennengelernt hatte. Anlässlich des bevorstehenden Geburtstags könnte sich folgende Szene abgespielt haben, wie der Historiker veranschaulicht: „Wir können uns vorstellen, wie Carl von Lindenau, mittlerweile selbst ein stattlicher Graf, zu seinem Hausdiener sagte: ‚Karl, pass mal auf. Ich gebe dir hier zwei Flaschen Champagner, da machst du dich mal rüber nach Lauchstädt. Wir haben gehört, dass der Goethe dort wieder Theater spielt. Und da gibst du ihm das bitteschön mit einer großen Gratulation von uns. Aber eins sage ich dir, Karl: Lass dir das quittieren! Nicht, dass es so läuft wie beim letzten Mal. Da hast du auch behauptet, dich hätten die Räuber überfallen, und dann die Flasche weggenommen. Da hast du sie selbst gesoffen.'" Pflichtbewusst habe sich der Diener also mit dem Präsent auf den Weg ins westlich gelegene Lauchstädt gemacht, wo Johann Wolfgang von Goethe gerade seinen *Götz von Berlichingen* inszenierte und mit seiner Unterschrift bestätigte, dass Karl sich zumindest diesmal nicht selbst am Champagner gütlich getan hatte. Der Überbringer der Geburtstagsgrüße kehrte daraufhin mit Goethes Signatur nach Leipzig zurück. „Und so kam es, dass Auerbachs Keller über diese Quittung verfügt. Ist das nicht eine schöne Geschichte?", schließt Bernd Weinkauf seine Erzählung.

Eine sehr schöne Geschichte, in der Tat. Sie hat nur einen Haken: Sie stimmt nicht. „Und zwar deswegen nicht, weil sich das A und das D in der Kurrentschrift sehr ähnlich sehen, genauso wie das G und das Z", verrät der Stadtkenner und stellt klar: „Tatsächlich steht also auf dem Schuldschein nicht August, sondern *27. Dezember 1804.*" Unterm Strich bedeutet dies: Goethe hat die Quittung wirklich selbst ausgestellt, aber weder einen Tag vor seinem Wiegenfest noch in Auerbachs Keller. „Sondern in Weimar, und zwar im Quittungsbuch des herzoglichen Weinkellers", ergänzt Weinkauf. Auf ebenjenen Weinkeller habe Goethe als Minister gegen Quittung Zugriff gehabt. „Und irgendwann, viele Jahre später, kommt ein böser Mensch daher, bringt das Quittungsbüchlein an sich, schneidet die Belege von Goethe aus, gibt sie in Frankfurt zu einer Auktion und lässt sie dort verhökern", fährt der Historiker fort. „Auf diese Art und Weise erwarb Julius Hinze, der damalige Gastwirt von Auerbachs Keller, den Schuldschein und reihte ihn in die Sammlung von Goethe-Reliquien ein, die es bis dahin im Hause ohnehin schon gab."

So existieren also heute die „schöne" und die wirkliche Geschichte darüber, wie Goethes Autogramm an die Wand der Gaststätte gelangte. Oder, wie es der gefeierte Literat vielleicht selbst ausgedrückt hätte: die Dichtung und die Wahrheit.

Eva-Maria Bast

So geht's zum Schuldschein:

*Der Schuldschein hängt im Restaurant „Auerbachs Keller",
Grimmaische Straße 2-4, im Goethezimmer rechts neben der
Eingangstür.*

Quellen, Literatur, Bildnachweis

Arndt, Agnes; Häberlin, J.; Reinecke, C.: Vergleichen, verflechten, verwirren?: Europäische Geschichtsschreibung zwischen Theorie und Praxis. Göttingen 2011, S. 298 f.

Baumgärtner, Maik; Mechaussie, Julien: „Der vergessene Widerstand: Leipzigs Jugend gegen Hitler". URL: https://blog.zeit.de/stoerungsmelder/2012/03/15/der-vergessene-widerstand-leipzigs-jugend-gegen-hitler_8255. Abgerufen am 31.08.2018.

Beaujean, Marion: „Naubert, Benedikte". In: Neue Deutsche Biographie 18 (1997), S. 757-758 [Online-Version]. URL: https://www.deutsche-biographie.de/pnd118586564.html#ndbcontent. Abgerufen am 16.08.2018.

Behrends, Rainer: „Bankhaus Kroch. Die Fassade des ersten Hochhauses am Augustusplatz ist saniert". In: Kulturstiftung Leipzig (Hrsg.): Leipziger Blätter. Heft 40. Leipzig 2002, S. 10-13.

Beuys, Barbara: Vergeßt uns nicht: Menschen im Widerstand 1933-1945. Reinbek 2017.

Biedermann, Hans: Knaurs Lexikon der Symbole. Augsburg 2000: „Eule" S. 125 f., „Greif" S. 170 f., „Krebs" S. 245.

Böhme, Heinz-Jürgen: „Pleissenmühlgraben". URL: http://www.neuc ufcr.dc/lcipzig/pleisse_beschreibung.asp. Abgerufen am 28.08.2018.

Borchmeyer, Dieter (Goethezeitportal e.V.): „DuMont Schnellkurs Goethe". URL: http://www.goethezeitportal.de/wissen/dichtung/schnellkurs-goethe/klein-paris-studium-in-leipzig-und-frankfurter-rekonvaleszenz.html. Abgerufen am 24.08.2018.

Brekle, Ursula: „Johann Wolfgang von Goethe". In: Leipzig-Lese. URL: http://www.leipzig-lese.de/index.php?article_id=42. Abgerufen am 19.07.2018.

Dies.: „Zur Geschichte der Wagner-Denkmale in Leipzig". URL: http://www.leipzig-lese.de/index.php?article_id=562. Abgerufen am 07.09.2018.

Brümmer, Franz: „Naubert, Benedicte". In: Allgemeine Deutsche Biographie, Band 23, 1886. S. 295-296. URL: https://de.wikisource.org/w/index.php?title=ADB:Naubert,_Benedikte&oldid=2502867. Abgerufen am 16.08.2018.

Bundesstiftung zur Aufarbeitung der SED-Diktatur: „Gesine Oltmanns". In: Fachbeirat Gesellschaftliche Aufarbeitung / Opfer und Gedenken. URL: https://www.bundesstiftung-aufarbeitung.de/gesine-oltmanns-6299.html. Abgerufen am 14.08.2018.

Bürgerkomitee Leipzig e.V.: „Euthanasie-Verbrechen in der Heil- und Pflegeanstalt Leipzig-Dösen". URL: http://www.stolpersteine-leipzig.de/index.php?id=323. Abgerufen am 08.09.2018.

Bürgerverein Gohlis e.V.: 700 Jahre Gohlis. 1317-2017. Leipzig 2017, S. 274 ff., 278.

Daniels, Dieter; Hattenkerl, T.: Orte, die man kennen sollte. Spuren der nationalsozialistischen Vergangenheit in Leipzig. Ein Projekt der Hochschule für Grafik und Buchkunst Leipzig. Leipzig 2013, S. 158 f.

Dietrich, Jörg: „Panorama Streetline - Nikolaistraße. Pelzhändler. Gebäude". URL: https://panoramastreetline.de/nikolaistrasse-pelzhaendler-gebaeude-leipzig-deutschland-P14165#okay. Abgerufen am 21.08.2018.

Dorsch, Nikolaus; Hauschild, J.: „Clarus und Woyzeck – Bilder des Hofrats und des Delinquenten". In: Mayer, Thomas Michael (Hrsg.): Georg Büchner Jahrbuch 4. Hamburg 1986, S. 317-323.

Drechsel, Ursula: „Joseph Anton Fürst von

Poniatowski". URL: http://www.leipzig-lese.
de/index.php?article_id=435. Abgerufen am
19.08.2018.

Dies.: „Lene Voigt und ihre Heimatstadt
Leipzig". In: Leipzig-Lese. URL: http://www.
leipzig-lese.de/index.php?article_id=277.
Abgerufen am 16.08.2018.

Essen, Bodo von: „Rosentaltorsäule – Ein
Steinchen im Mosaik der Stadt". In:
ProLeipzig e.V. (Hrsg.): Waldstraßenviertel.
Heft 15. Leipzig 2002, S. 34 f.

Fibich, Peter: „Von Kletterpilzen und
Rutschelefanten. Öffentliche Spielplätze in
der DDR". In: Die Gartenkunst. Ausgabe
1/2016. Worms 2016, S. 119-126.

Forner, Jörg-Ulrich; Hallmann, H. W.:
Historische Bauforschung und
Materialverwendung im Garten- und
Landschaftsbau. Wegebau und
Wasseranlagen. Norderstedt 2004, S. 228 ff.

Förster, Otto Werner; Hempel, Günter
Martin: Leipzig und die Freimaurer. Leipzig
2008, S. 13, 15, 54.

Freimaurer-Wiki: „Friedrich Oeser". URL:
http://freimaurer-wiki.de/index.php/Adam_
Friedrich_Öser. Abgerufen am 19.07.2018.

Friedrich-Ebert-Stiftung (Hrsg.): Archiv für
Sozialgeschichte. Band 53, Demokratie und
Sozialismus. Linke Parteien in Deutschland
und Europa seit 1860. Bonn 2013.

Frings, Matthias: Der letzte Kommunist.
Berlin 2009.

Gauert, Adolf: „Diezmann". In: Neue
Deutsche Biographie. Band 3. Berlin 1957, S.
714 f.

Goethe, Johann Wolfgang von:
„Neujahrslied". URL: http://www.lieder.net/
lieder/get_text.html?TextId=6543. Abgerufen
am 01.08.2018.

Grässe, Johann Georg Theodor: Der
Sagenschatz des Königreichs Sachsen. Band
1. Schönfeld 1874, S. 357-359.

Gröger, Jens; Kuhfuß, S.: „Die Gosenschenke
‚Ohne Bedenken' feiert Jubiläum: 30 Jahre
seit der Wiedereröffnung am 13. Mai".
URL:http://www.mynewsdesk.com/de/
leipzig/news/die-gosenschenke-ohne-
bedenken-feiert-jubilaeum-30-jahre-seit-
der-wiedereroeffnung-am-13-mai-163260.
Abgerufen am 23.07.2018.

Grumach, Renate (Hrsg.): Goethe.
Begegnungen und Gespräche. Band V, 1800-
1805. Berlin/New York 1985, S. 514.

Güldemann, Martina; Künnemann, O.:
Geschichte der Stadt Leipzig. 3.,
überarbeitete Auflage. Gudensberg-Gleichen
2014, S. 96-101.

Gurlitt, Cornelius: Beschreibende
Darstellung der älteren Bau- und
Kunstdenkmäler des Königreichs Sachsen.
18. Heft. Dresden 1896, S. 385-389.

Hädicke, Hans-Joachim: „Der Palmengarten".
URL: http://www.leipzig-lese.de/index.
php?article_id=518. Abgerufen am
20.08.2018.

Haikal, Mustafa; Leonhardt, P.: Das Neue
Rathaus zu Leipzig. Leipzig 2015, S. 39-56.

Held, Steffen: „Leipzig will hoch hinaus -
Wie vor 90 Jahren um das erste Hochhaus
gestritten wurde". In: Leipziger Volkszeitung.
Ausgabe vom 29.12.2017, S. 17.

Ders.: „Felle aus aller Welt – Pelzhandel in
Leipzig damals und heute". In: MRD
Zeitreise. Mein Leben. Meine Geschichte.
URL: https://www.mdr.de/zeitreise/ddr/
geschichte-leipziger-pelzhandel100.html.
Angerufen am 21.08.2018.

Henke, Klaus-Dietmar (Hrsg.): Tödliche
Medizin im Nationalsozialismus. Von der
Rassenhygiene zum Massenmord. Köln
2008, S. 143-148.

Hochschule für Grafik und Buchkunst
Leipzig: „Leipziger Kunstorte: Frau Maria
Pauline Mende". URL: https://www.hgb-
leipzig.de/kunstorte/ap_mendebrunnen_
mende.html. Abgerufen am 10.09.2018.

Hocquél, Wolfgang; Franke, Peter: Leipzig: Stadtansichten ; Straßen, Plätze, Ensembles. Hannover 1998, S.59.

Hufenreuter, Henry: Rekonstruktion des Gaskandelabers von Leipzig-Neustadt. Leipzig 2007.

Jahn, Otto: Goethe´s Briefe an Leipziger Freunde. Leipzig 1867.

Julke, Ralf: „Leipziger Zeitreise: 225 Jahre Parkidylle mit Schwanenteich". URL: https://web.archive.org/web/20140222174125/http://www.l-iz.de/Bildung/Zeitreise/2009/07/Leipziger-Zeitreise-225-Jahre-Parkidylle-mit.html. Abgerufen am 03.09.2018.

Junge, Cornelia: „Das Glockenspiel versöhnte. Die Geschichte des Kroch-Hauses". In: Universität Leipzig: Mitteilungen und Berichte für die Angehörigen und Freunde der Universität Leipzig., Heft 04/2002. Leipzig 2002, S. 39-41.

Kettlitz, Eberhardt: 125 Jahre Drahtheftmaschinen aus Leipzig. Leipzig 2004.

Kershaw, Alex: Robert Capa. Der Fotograf des Krieges. Berlin 2004.

Kisch, Egon Erwin: „Das Vermächtnis der Frau Mende". In: Das Magazin Nr. 2, 1955, S. 39 f.

Knopf, Sabine: Buchstadt Leipzig. Berlin 2011, S. 18-20, 23-25, 37 f., 54.

Kolbe, Sylvia: „Naubert, Christiane Benedikte". 2014. URL: https://www.leipzig.de/jugend-familie-und-soziales/frauen/1000-jahre-leipzig-100-frauenportraets/detailseite-frauenportraets/projekt/naubert-christiane-benedikte/. Abgerufen am 16.08.2018.

Kotte, Henner: Leipzig. Die 99 besonderen Seiten der Stadt. Halle 2015, S. 8-11, 47, 80 f., 149.

Lehmann, Julia; Ringel, Sebastian: 100 0rte – Heute sind da Häuser. Ein „unmöglicher"

Stadtführer durch 1.000 Jahre Leipziger Geschichten. Leipzig 2015, S. 48.

Leipzig.de: „Lene Voigt". URL: https://www.leipzig.de/jugend-familie-und-soziales/frauen/1000-jahre-leipzig-100-frauenportraets/. Abgerufen am 03.09.2018.

Leipzig.de: „Mendebrunnen auf dem Augustusplatz sprudelt wieder". URL: https://www.leipzig.de/news/news/mendebrunnen-auf-dem-augustusplatz-sprudelt-wieder/. Abgerufen am 10.09.2018.

Leipzig.de: „Plan des Palmengartens und seiner Grenzen". URL: http://notes.leipzig.de/appl/laura/wp5/kais02.nsf/docid/38542AD85BB08CEAC1257880002903C0/$FILE/V-rb-780-anlage.pdf. Abgerufen am 17.07.2018.

Leipzig-Lexikon: „Rosental". URL: http://www.leipzig-lexikon.de/GARTPARK/rosental.htm. Abgerufen am 03.09.2018.

Leipziger Messe: „100 Jahre Doppel-M". URL: http://www.leipziger-messe.de/leipzigermessemagazin/100-JAHRE-DOPPEL-M.html. Abgerufen am 05.09.2018.

Leipzig Tourist Service e.V.: „August I, Friedrich. Der starke Kurfürst von Sachsen und König von Polen". URL: http://languages.leipzig.travel/de/Presse/Pressemitteilungen/Recherchetexte/Beruehmte_Persoenlichkeiten_1191.html?glossar3553.id=52. Abgerufen am 28.08.2018.

Leipziger Volkszeitung vom 17. August 1931. Lene Voigt-Gesellschaft: Lebensweg. URL: http://www.lene-voigt-gesellschaft.de/lebensweg/. Abgerufen am 16.08.2018.

Liebmann, Michael: Connewitz. Vom Werden eines Leipziger Stadtteils. Leipzig 2015, S. 253 ff.

Lindenauer Stadtteilverein e.V.: Demmeringstraße 42 „Veronika-Ferres-Haus". URL: http://www.lindenauerstadtteilverein.de/heimatkunde/haeuserliste/haus/953/demmeringstrasse-42-veronika-ferres-haus.htm. Abgerufen am

08.09.2018.

Locke, Stefan: „Haus der Geschichte". In: FAZ-Magazin 48/2017, S. 72-74.

Ders.: „Wo Capa den letzten Toten des Zweiten Weltkriegs fotografierte". URL: http://www.faz.net/aktuell/gesellschaft/menschen/haus-der-geschichte-in-leipzig-wo-capa-den-letzten-toten-des-zweiten-weltkriegs-fotografierte-14953185.html. Abgerufen am 28.08.2018.

Loh-Kliesch, André: „Mendebrunnen". URL: http://www.leipzig-lexikon.de/SONSTBAU/B_MENDE.HTM. Abgerufen am 10.09.2018.

Ders.: „Mende, Ferdinand Wilhelm". URL: http://www.leipziger-biographie.de/rYi. Abgerufen am 10.09.2018.

Ders.: „Mende, Marianne Pauline". URL: http://www.leipziger-biographie.de/eik. Abgerufen am 10.09.2018.

Ders.: „Nonnenmühle". URL: http://www.leipzig-lexikon.de/SONSTBAU/M_NONNEN.HTM. Abgerufen am 28.08.2018.

Ders.: „Poniatowski, Józef Fürst". URL: https://www.leipzig-lexikon.de/biogramm/Poniatowski_Jozef.htm. Abgerufen am 20.08.2018.

Mayer, Thomas: „Gesine Oltmanns". In: Revolution Mauerfall of the Wall. URL:http://revolution89.de/gesichter/gesine-oltmanns/140891312a5d33ad5dfe845fcc abf453/. Abgerufen am 14.08.2018.

MDR.de: „Was war in den Goldenen Zwanzigern eigentlich los?" URL: https://www.mdr.de/zeitreise/sendungen/magazin/experiment/die-goldenen-zwanziger-ueberblick100.html. Abgerufen am 26.08.2018.

Menting, Annette: Reclams Städteführer Leipzig. Architektur und Kunst. Stuttgart 2015, S. 7, 108 f.

Menzel, Björn: „Das Rätsel des unbekannten Soldaten". URL: http://www.spiegel.de/einestages/last-man-to-die-raetsel-um-kriegsfotografie-von-robert-capa-a-951037.html. Abgerufen am 28.08.2018.

Mielke, Heinz: „Graf Carl von Lindenau vor 250 Jahren in Machern geboren: Jubiläumsgeburtstag 2005". URL: http://home.uni-leipzig.de/mielke/lindenau/lindnau6.htm. Abgerufen am 24.08.2018.

Moritzbastei.de: „Über die Moritzbastei". URL: https://www.moritzbastei.de/de/info-service/ueber-die-moritzbastei. Abgerufen am 06.09.2018.

Mundus, Doris: Das Alte Rathaus in Leipzig. Leipzig 2003, S. 8-49.

Mysterium Tremendum: „Gruseltour Leipzig". URL: https://gruseltour-leipzig.de/tag/scharfrichter/. Abgerufen am 20.07.2018.

Nabert, Thomas: „Schloß und Rittergut Großzschocher". In: Großzschocher-Windorf. Leipzig 2005, S. 21 ff.

Netzwerk Stadtforen Mitteldeutschland (Hrsg.): Baustein – Magazin für Stadtentwicklung, Denkmalpflege und Baukultur. Ausgabe 01/2011. Leipzig 2011, S. 4 f.

Oberländer, Jan: „Im Gegenverkehr". URL: https://www.tagesspiegel.de/kultur/ronald-m-schernikau-im-gegenverkehr/1467866.html. Abgerufen am 24.07.2018.

Oehmke, Philipp: „Zwischen den Welten". Der Spiegel 10/2009, S. 150 ff.

Oscar Brandstetter Verlag: „Verlagsgeschichte". URL.: https://www.brandstetter-verlag.de/de/ueber-uns/verlagsgeschichte. Abgerufen am 23.07.2018.

Paul, Alfred E. Otto: „Louise Otto-Peters – eine bedeutende Frauenrechtlerin". URL: http://www.leipzig-lese.de/index.php?article_id=578. Abgerufen am 05.09.2018.

Plate, Bertram: „Der historische Fahnenmast am Rosental". In: ProLeipzig e.V. (Hrsg.):

Waldstraßenviertel. Heft 10. Leipzig 1997, S. 14 f.

Pöllnitz, Karl Ludwig von: Des Freyherrn von Pöllnitz Neue Nachrichten Welche seine Lebens-Geschichte Und eine Ausführliche Beschreibung Von Seinen ersten Reisen In Sich enthalten. Erster Theil. Frankfurt 1739, S. 493 f.

Poster, Steffen: Stadtgeschichtliches Museum Leipzig, Ständige Ausstellung im Alten Rathaus. Katalog. Inv.-Nr.: Gei XIV/32c.

Reclam: Der Reclam Verlag. Eine Chronik. Stuttgart 2017, S. 7-18.

Riedel, Horst: Stadtlexikon Leipzig von A bis Z. Leipzig 2012, S. 16, 188, 394-396, 430 f., 452, 530, 542, 627 f.

Ringel, Sebastian: Die ganze Welt im Kleinen. Leipziger Geschichten aus 1000 Jahren. Leipzig 2015, S. 117-120.

Sächsisches Psychiatriemuseum: „Heil- und Pflegeanstalt Leipzig Dösen". URL: http://www.die-wiese-zittergras.de/index.php/heil-und-pflege-anstalt-leipzig-doesen.html. Abgerufen am 08.09.2018.

Schernikau, Ronald M.: „Das Konkrete ist natürlich böh". URL: www.schernikau.net. Abgerufen am 24.07.2018.

Schiemann, Anja: Der Kriminalfall Woyzeck: Der historische Fall und Büchners Drama. Berlin/Boston 2016, S. 16 ff.

Schneider, Wolfgang: Leipzig. Streifzüge durch die Kulturgeschichte. Leipzig 1995, S. 215.

Schottner, Alfred: Die „Ordnungen" der mittelalterlichen Dombauhütten: Verschriftlichung und Fortschreibung der mündlich überlieferten Regeln der Steinmetzen. Münster/Hamburg 1997, S. 60.

Sohl, Klaus (Hrsg.): Neues Leipzigisches Geschicht-Buch. Leipzig 1990, S. 91 ff.

Stadtforum Leipzig: Aktuelle Fragen und Probleme der Leipziger Stadtentwicklung. Ausgabe 01. Leipzig 2016, S.40 f.

Stadt Leipzig (Hrsg.): Die Denkmale der Leipziger City. Kleiner Führer zu den wichtigsten Bau- und Kunstdenkmalen. 2., überarbeitete Auflage. Leipzig 2000, S. 124 f.

Trepte, H.-Chr.: „Zum Poniatowski-Mythos in der polnischen Literatur und Kultur". In: Dmitrieva, Marina und Karl, Lars (Hrsg.): Das Jahr 1813. Ostmitteleuropa und Leipzig. Die Völkerschlacht als (trans)nationaler Erinnerungsort Köln 2016, S. 71-84. URL: http://www.boehlau-verlag.com/download/164479/978-3-412-50399-4_OpenAccess.pdf. Abgerufen am 19.08.2018.

Uhlrich, Claus; Börner, Roland: „Unser Marienborn". In: Verein der Freunde von Marienbrunn e.V. URL: https://www.gartenvorstadt-leipzig-marienbrunn.de/broschuere-kennen_sie_marienbrunn.html. Abgerufen am 15.08.2018.

Uhlrich, Claus: Verschwunden: Schicksale Leipziger Denkmale, Gedenksteine und Plastiken. Leipzig 1994, S. 88 f.

Usolzew, Wladimir: Mein Kollege Putin: Als KGB-Agent in Dresden 1985-1990. Berlin 2014.

Voerkel, Stefan: „Carl Ludwig Seffner (1861-1932). Ein vergessener Leipziger Bildhauer?". In: Neuer Leipziger Kunstverein e.V. (Hrsg.): Jahresberichte 2010-2015. Leipzig 2016, S. 123-132.

Vaget, Hans Rudolf: „Wehvolles Erbe": Richard Wagner in Deutschland. Hitler, Knappertsbusch, Mann. Frankfurt 2017.

Weinkauf, Bernd: Architekturführer. Die 100 wichtigsten Leipziger Bauwerke. Berlin 2011, S. 38 f., 50 f.

Ders.: Das Buch Gose. Die Geschichte der Gose von ihren Anfängen bis auf den morgigen Tag. Leipzig 2005, S. 107-119.

Ders.: Leipzig in aller Ruhe. Leipzig 1995, S. 12.

Wensierski, Peter: Die unheimliche Leichtigkeit der Revolution. Wie eine Gruppe junger Leipziger die Rebellion in der DDR wagte. München 2017.

Weitz, Anton: Verbessertes Leipzig. Leipzig 1728, S. 68.

Wilde, Manfred: Die Zauberei- und Hexenprozesse in Kursachsen. Köln 2003, S. 320.

Wollny, Peter (Hrsg.): „Ein Denkstein für den alten Prachtkerl". Felix Mendelssohn Bartholdy und das alte Bach-Denkmal in Leipzig. Leipzig 2004.

Ziehnert, Widar: Sachsens Volkssagen: Balladen, Romanzen und Legenden. Band 2. Annaberg 1838, S. 1-14.

Bildquellen:

Roland Börner: S. 81

Andreas Döring/Leipziger Volkszeitung: S. 7

Peter Endig: S. 18, 42, 52, 55, 62, 76, 78, 103, 106, 128, 130, 136, 162

Rolf-Roland Scholze: S. 25

Doreen Tarassow: S. 158

Sandra Wittig: S. 70, 79, 140, 173

Haftungsausschluss

Trotz intensiven Austauschs mit unseren Gesprächspartnern, gewissenhafter Literaturrecherche und aufmerksamem Korrekturlesen erheben wir weder einen Anspruch auf Vollständigkeit noch auf Fehlerlosigkeit. Wir haben streng darauf geachtet, keine Urheberrechte zu verletzen, unsere Recherchen sind nach bestem Wissen und Gewissen erfolgt. Dennoch übernehmen wir keinerlei Gewähr für die Aktualität, Korrektheit oder Vollständigkeit der bereitgestellten Informationen. Haftungsansprüche gegen uns schließen wir grundsätzlich aus.

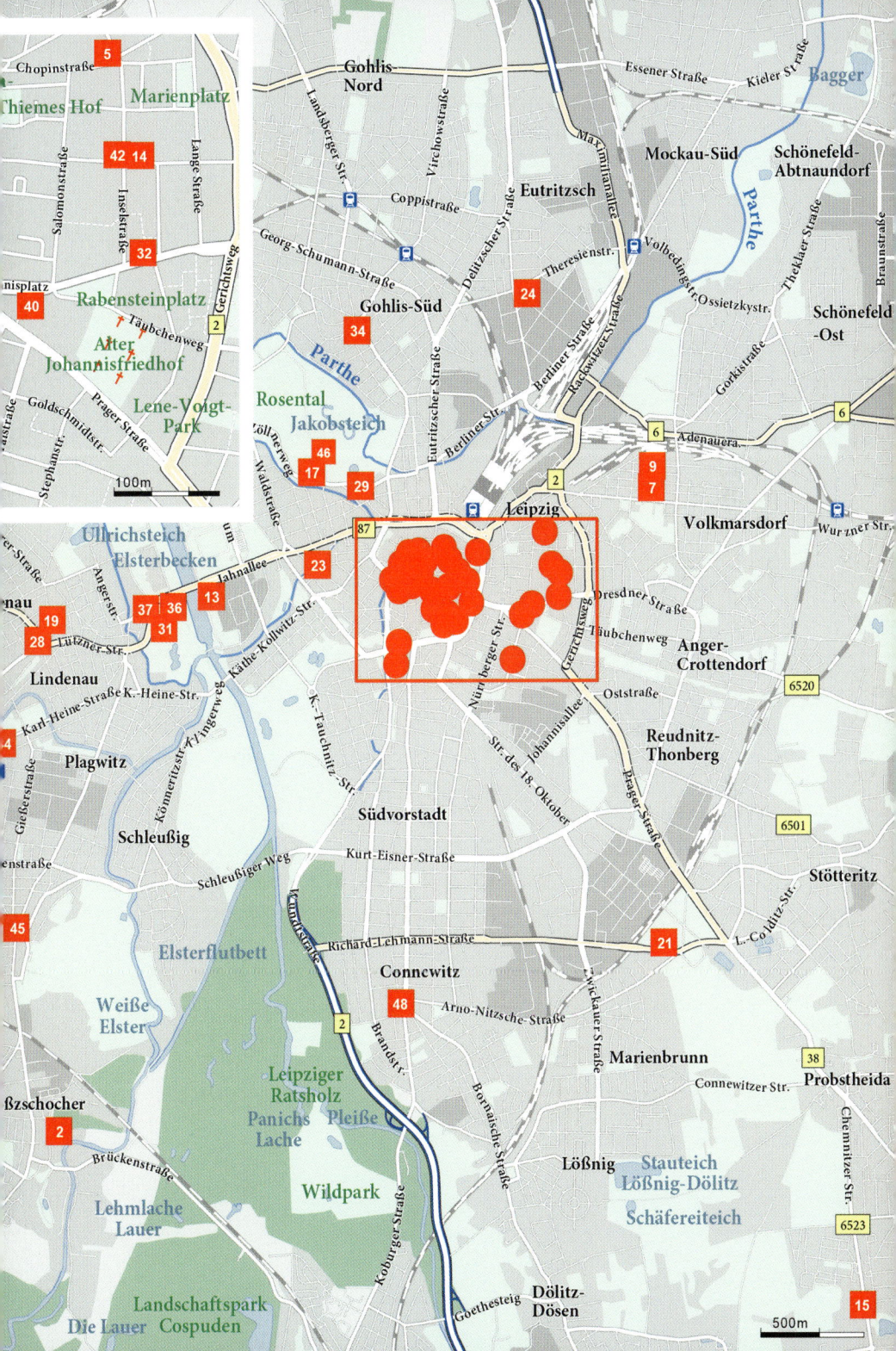

Hier gibt es sachkundige Informationen:

Auerbachs Keller Leipzig
Grimmaische Straße 2-4
04109 Leipzig
Telefon: 0341 / 216100

Bach-Archiv Leipzig
Spezialbibliothek zu Leben, Werk und
Wirken der Musikerfamilie Bach.
Thomaskirchhof 15/16
04109 Leipzig
Telefon: 0341 / 9137220
E-Mail: bibliothek@bach-leipzig.de
Homepage: www.bacharchivleipzig.de
Öffnungszeiten: Mo.-Fr. 10-16 Uhr

Bachfest Leipzig
Internationales Musikfestival mit über
100 Veranstaltungen: Konzerte der
führenden Bach-Interpreten in Bachs
Kirchen, Open-Air-Veranstaltungen,
Orgelfahrten, Workshops, Führungen
und Vorträge am langjährigen
Wirkungsort des Thomaskantors Johann
Sebastian Bach. Beginn des zehntägigen
Festivals jeweils am 2. Freitag im Juni.
Telefon: 01806 / 562030
Homepage: www.bachfestleipzig.de

Bach-Museum Leipzig
Interaktive, klingende und barrierefreie
Ausstellung über Johann Sebastian Bachs
Leben, Werk und Wirken.
Sonderausstellungen, Veranstaltungen
und pädagogische Angebote.
Konzertreihe im barocken

Kammermusiksaal (September bis Mai,
einmal im Monat, sonntags 15 Uhr).
Thomaskirchhof 15/16
04109 Leipzig
Telefon: 0341 / 9137202
E-Mail: museum@bach-leipzig.de
Homepage: www.bachmuseumleipzig.de
Öffnungszeiten: Di.-So. 10-18 Uhr

Bürgerverein Waldstraßenviertel e.V.
Der Bürgerverein Waldstraßenviertel
e.V. kümmert sich um die Erhaltung des
Viertels als Wohngebiet zum
Wohlfühlen. Im Sinne der ansässigen
Bürger nimmt der Verein sein
Mitspracherecht bei allen Maßnahmen
wahr, die mit Veränderungen der
Stadtlandschaft verbunden sind. Zur
Förderung des Gemeinschaftsgefühls
organisiert er Veranstaltungen und
publiziert zweimonatlich die
Waldstraßenviertel NACHRICHTEN.
Hinrichsenstraße 10
04105 Leipzig
Telefon: 0341 / 9803883
E-Mail:
buergerverein@waldstrassenviertel.de
Homepage: www.waldstrassenviertel.de
Öffnungszeiten:
Di. 16-18 Uhr, Fr. 10-12 Uhr

Erich-Zeigner-Haus e.V.

Das Erich-Zeigner-Haus in Leipzig ist Zentrum und Begegnungsstätte für gelebte Zivilcourage und Demokratie in Geschichte und Gegenwart. In den historischen Wohn- und Arbeitsräumen des ehemaligen sächsischen Ministerpräsidenten (1923) und Leipziger Oberbürgermeisters (1945-49) finden mit diesem Anliegen vielfältige Veranstaltungen statt – von Führungen, Lesungen, Vortragsreihen, Podiumsdiskussionen bis hin zu Ausstellungen und anderen Angeboten der politischen Jugend- und Erwachsenenbildung.
Zschochersche Straße 21
04229 Leipzig
Telefon: 0341 / 8709507
E-Mail:
kontakt@erich-zeigner-haus-ev.de
Homepage:
www.erich-zeigner-haus-ev.de

Gerlinde Kämmerer

ERLESENES LEIPZIG: Unterwegs auf LeipzigTouren und FrauenSpuren, z. B. „Von Apollonia bis zur Zieglerin", „Von Musen und Musikerinnen – Musikstadt Leipzig weiblich" u.a.m.
Berggartenstraße 4
04155 Leipzig
Telefon: 0173 / 5652150
E-Mail: info@erlesenes-leipzig.de
Homepage: www.erlesenes-leipzig.de

Sylvia Kolbe

Stadtführungen in Leipzig seit 1984 – allgemein und thematisch, auch Kostümführungen und Rallyes.
E-Mail: sylvia-kolbe@gmx.net
Homepage: http://home.uni-leipzig.de/kolbe/kolbestadt.htm

Leipzig Details Stadtführung

Rundgänge und Führungen in Leipzig.
Reichsstraße 2
04109 Leipzig
Telefon: 0341 / 3039112
E-Mail: post@leipzigdetails.de
Homepage: www.leipzig.details.de

Lindenauer Stadtteilverein e.V.

Der ehrenamtlich arbeitende Bürgerverein bietet vielfältige Informationen zur Heimatkunde des Stadtteils, zu seinen Häusern und zu Rundgängen, die hier stattfinden.
Roßmarktstraße 30
04177 Leipzig-Lindenau
Telefon: 0341 / 4807207
Homepage:
http://www.lindenauerstadtteilverein.de

Motette in der Thomaskirche

Musikaufführungen mit dem Thomanerchor Leipzig, bei dessen Abwesenheit mit Gastensembles oder Gastorganisten, im Rahmen einer Andacht. Freitag 18 Uhr und Samstag 15 Uhr, Einlass 45 Minuten vor Beginn, kein Vorverkauf, 2 Euro pro Person.
Thomaskirchhof 18
04109 Leipzig
Telefon: 0341 / 222240
E-Mail: info@thomaskirche.org
Homepage: www.thomaskirche.org

Daniela Neumann
Park- und Stadtführerin
Rundgänge durch den Leipziger
Palmengarten und den Clara-Zetkin-
Park. Mit historischen Fotos und Texten
vermittelt Daniela Neumann anschaulich
wenig bekannte Leipziger
Stadtgeschichte. Seit 2018 lädt sie zur
Innenstadtführung „Leipzigs Frauen:
Talent, Mut und Tragik" ein.
E-Mail: frauneumann@gmx.net
Homepage:
facebook.com/Entdecktinleipzig

Richard-Wagner-Verband Leipzig
In der Geschäftsstelle mit Ladengeschäft
erhalten Wagner-Interessierte viele
Leipzig-spezifische Wagneriana und
sämtliche Informationen rund um den
berühmten Sohn der Stadt. Außerdem
können hier Führungen unter dem
Motto „Heil Leipzig, meiner Vaterstadt!"
zu Wagnerstätten in Leipzig und die
Tour „Wagner im Grünen", die auch den
Richard-Wagner-Hain beinhaltet,
gebucht werden.
Nikolaistraße 42
04109 Leipzig
Telefon: 0341 / 30868933
E-Mail: gs@wagncr-vcrband-leipzig.de
Homepage:
www.wagner-verband-leipzig.de

WERK 2
Soziokulturelles Zentrum mit einem
breiten Angebot an kulturellen
Veranstaltungen aller Genres und
Kursangeboten in den eigenen
Werkstätten.
Kochstraße 132
04277 Leipzig
Telefon: 0341 / 3080122
E-Mail: info@werk-2.de
Homepage: www.werk-2.de

Publikationen:

Bachs Schüler berichten. Katalog zur Sonderausstellung vom 20. April bis 23. September 2018 im Bach-Museum Leipzig.

Erich-Zeigner-Haus e.V. (Hrsg.): Stolpersteine in und um Leipzig. Jugendprojekte des Erich-Zeigner-Haus e.V. 2. aktualisierte Auflage. Leipzig 2017.

Erich-Zeigner-Haus e.V.; Verein zur Förderung der Nikolaikirche e.V. (Hrsg.): Das Leben und Wirken von Friedrich Ernst Lewek. Zum kirchenpolitischen Umgang mit dem „nichtarischen" Amtsbruder während der NS-Diktatur in Leipzig. Leipzig 2016.

Hartinger, Anselm; Wolff, Christoph; Wollny, Peter (Hrsg.): Geistliche Musik und Chortradition im 18. und 19. Jahrhundert. Beiträge zur Geschichte der Bach-Rezeption, Band 6. Wiesbaden / Leipzig 2018.

Knopf, Sabine: Buchstadt Leipzig. Der historische Reiseführer. Berlin 2011.

Knopf, Sabine; Titel, Volker: Der Leipziger Gutenbergweg. Geschichte und Topographie einer Buchstadt. Beucha 2001.

Kolbe, Sylvia (Hrsg.): Graf Rosenberg, oder das enthüllte Verbrechen. Leipzig 2016.

Kolbe, Sylvia (Hrsg.): Der Bund des armen Konrads. Leipzig 2016.

Kolbe, Sylvia (Hrsg.): Philippe von Geldern. Oder Geschichte Selims, des Sohns Amurat. Leipzig 2017.

Kürschner, Dieter: Totschweigen ist die passive Form von Rufmord. Leipziger politische Opfer des Nationalsozialismus 1933-1945. Leipzig 2016.

Lewkowitz, Henry: Politik und Religion. Eine philosophische Auseinandersetzung mit dem Problem ihrer Unvereinbarkeit. Leipzig 2016.

Richard-Wagner-Verband Leipzig: WagnerWege in Leipzig. Leipzig 2008.

Richard-Wagner-Verband Leipzig: „Richard ist Leipziger ... Leben, Werk, Denkmale". Leipzig 2016.

Schulze, Hans-Joachim: „Ey! Wie schmeckt der Coffee süße". Johann Sebastian Bachs Kaffee-Kantate. 5. Aufl., Leipzig 2016.

Schulze, Hans-Joachim: Bach-Facetten. Essays Studien – Miszellen. Leipzig 2017.

Besuchen Sie uns im Internet: www.bast-medien.de

WEITERE TITEL VON

BAST MEDIEN

GEHEIMNISSE DER REDEWENDUNGEN

50 SPANNENDE ERKLÄRUNGEN, WARUM WIR SAGEN, WAS WIR SAGEN

GENIAL ERFUNDEN

50 GEGENSTÄNDE AUS UNSEREM ALLTAG UND WAS DAHINTERSTECKT

EINZELPREIS JEWEILS 10,00 € BEIDE TITEL ZUSAMMEN 15,00 €

NEU IM BUCHHANDEL UND AUF WWW.BAST-MEDIEN.DE

ERINNERUNGEN AN MEINEN VATER

KONRAD ADENAUER

von Libet Werhahn-Adenauer,
aufgeschrieben von Catharina Aanderud

NEU IM BUCHHANDEL UND AUF WWW.BAST-MEDIEN.DE

UNSERE STIMME ZÄHLT!

DIE GESCHICHTE DES DEUTSCHEN FRAUENWAHLRECHTS

VON KERSTIN WOLFF